传溯
与
承源

如何成为拯救欧洲的英雄

赵柯 著

西苑出版社
XIYUAN PUBLISHING HOUSE
·北京·

图书在版编目（CIP）数据

如何成为拯救欧洲的英雄 / 赵柯著 . -- 北京 : 西苑出版社 , 2020.2
ISBN 978-7-5151-0734-9

Ⅰ . ①如… Ⅱ . ①赵… Ⅲ . ①时事评论 - 欧洲 - 文集
Ⅳ . ① D750.09-53

中国版本图书馆 CIP 数据核字 (2019) 第 294421 号

如何成为拯救欧洲的英雄

RUHE CHENGWEI ZHENGJIU OUZHOU DE YINGXIONG

出版发行　西苑出版社 XIYUAN PUBLISHING HOUSE
地　　址　北京市朝阳区和平街 11 区 37 号楼　　邮政编码：100013
电　　话　010-88636419　　E-mail：xiyuanpub@163.com
印　　刷　天津旭非印刷有限公司
经　　销　全国新华书店
开　　本　710 毫米 ×1000 毫米　1/16
字　　数　158 千字
印　　张　12.75
版　　次　2020 年 4 月第 1 版
印　　次　2020 年 4 月第 1 次印刷
书　　号　ISBN 978-7-5151-0734-9
定　　价　48.00 元

序

赵柯的《如何成为拯救欧洲的英雄》是一部近些年来他对国际形势变化评论的集子，主要集中了他对欧洲形势变化的分析。从中国社会科学院欧洲研究所博士毕业后，赵柯一直在跟踪欧洲一体化的变化，并坚持在媒体上写评论，论述欧洲这些错综复杂的事件背后的逻辑关系。阅读赵柯的这些评论，可以进一步清楚地了解欧洲一体化这些年来是如何发展的。

“以史为镜，可以知兴替。”用历史变迁的典故，来说明当今变化的现象，是摸索事情变化规律的做法。赵柯在这方面的努力难能可贵。当今的媒体，一般都关心那些能抓读者眼球的新闻，越耸人听闻越好，很少关注新闻报道内容的实质。所以，各种“标题党”的做法就出现了。然而，赵柯仍然在努力探索欧洲发生的事件的内容真谛，用不同的历史事实来向读者证明，任何事情都有其历史合法性。今人的思维，离不开历史的记忆。做决策的人也是人。只有充分理解别人行事的逻辑，才能更有准备地判断出事情发展的路径及未来。

在中国，有些评论家或读者有一个不太好的习惯，那就是按照自己的逻辑去思考别人，而且认为别人都一定是这样的逻辑。这种“镜像”的思维方法，如果成为决策者的方法，就会在国际关系领域产生极坏的后果。我们在批评西方媒体对中国不切实际的评论时，会说他们“以小人之心度君子之腹”，殊不知，当他们读到我们某些人对他们的事件“想当然”的评论时，也会产生相似的想法。赵柯的评论正好相反，他的分析总是争取站在对方的角度思考问题，从别人的历史中寻找、分析别人当下行为的逻辑。

因此，读赵柯的国际问题评论，这种换位思考、双向观察的方法不仅可以更好地理解当代事件的变化，而且可以从中看到历史发展的规律。赵柯的评论纯朴无华，不求抓眼球的标题，但求直击事件实质的分析，且有独特的视角，值得更多的读者认真品味。

国务院发展研究中心世界发展研究所研究员

丁一凡

目　录

欧洲之于欧洲

欧洲之于世界

欧洲之于中国

欧洲之于欧洲

EUROPE
TO
EUROPE

欧洲之于欧洲

从国债的历史看欧洲的未来

牛津大学经济史教授凯文·奥罗克曾说，五十年后的历史学家会好奇最初为何要引入欧元。他的言外之意是，那时欧元早已成为一项失败的货币实验，静静地躺在历史档案馆供后人凭吊。作为一体化的最高成就，如果欧元真如奥罗克教授预测的那样垮掉，那么“二战”后兴起的欧洲联合事业也就差不多画上句号了。欧洲的政治精英们显然意识到了形势的严峻，充满危机感。2016年6月，欧盟发布了新的全球战略文件，欧盟外交与安全政策高级代表莫盖里尼在为这份文件所写的序言中，第一句话就是：我们创建欧盟的目的，甚至是欧盟本身的存在，正备受质疑。当前欧洲的困境始于2009年爆发的主权债务危机，想要更加清晰地看到欧洲的未来，必须回到主权债务诞生的源头。

国债始于权力“换”金钱

在人类历史上，私人之间的借贷行为和债务关系源远流长，几乎与人类的历史一样长，而“主权债务”或者“国债”相比之下要“年轻”很多，仅仅几百年的历史。现代意义上的国债恰恰起源于债务危机。欧洲历史上战争不断，大大小小的国王为给战争融资，经常深陷债务泥潭，“国债”就是为解决国王们的财政困难、偿还其巨额的战争负债而发明出来的一种融资手段。在国债产生以前，因为这些国王们的借款活动是以国王的个人名义来进行的，本质上是国王的私人债务。但是借款给国王要冒很大的风险，这些国王为了逃避偿债义务，经常宣布自己之前从商人手里借来的钱为商人本应缴纳的税金，不再予以偿还；或者新继位的国王不承认前任国王所欠下的债务，法国国王甚至用杀掉债权人这种残酷手法来逃债。国王的这种经常性违约的行为，导致其信誉很低，在借款之时不得不支付比一般商人要高的利率。这样就出现了一个恶性循环：国王要支付的高额利息加重了其财务负担，经常使其陷入债务危机；面对债务危机，国王又经常以违约的方法来解决，这让国王在借贷市场上信誉扫地，在今后的借款中他必须支付更高的利率，而沉重的利息负担会很快又一次导致国王陷入债务危机以及接踵而来的再次违约。这个恶性循环让国王的负债能力失去了可持续性，无法正常借贷的国王经常会面临财政困境。为了实现低息借款，国王们想出了一个新办法：把国王的“私人债务”转换为由一个比国王信誉更高的公共机构所发行的“公共债务”。

在16世纪，奥地利的哈布斯堡王朝为了筹集对法战争的资金，利用其领地荷兰联邦的议会来为其发行债券。在债权人看来，皇帝和国王总有一天会去世，债务的继承人也不确定，而议会是永久性机构，其信用度要高于国王。哈布斯堡皇帝为了长期以低息筹集巨额资金，将用于偿还本息的税收交给了荷兰议会。不仅如此，他又在1542年设立新税种，并将财政支出的权限交给了荷兰议会。正是在哈布斯堡皇帝以交出部分财政权为代价，将自己的“个人借贷”转换为由议会这一公共机构发行“公共债务”的过程中，国债诞生了。英国“光荣革命”之后，来自荷兰的威廉继承了英国的王位，威廉也把荷兰的这套国债制度带入了英国，英国政府的融资能力大大加强。18世纪后半叶，英国国债的平均利率为3.7%，而法国信用最好的债务的利率也达到了6.1%。这是拿破仑战争中英国最终获胜的关键，因为战争的背后是财政，法国为战争融资付出的成本远高于英国。其他国家看到国债制度的优点，开始竞相模仿，使得“国债”最终成为世界各国财政制度中不可或缺的组成部分。

国债铺就美国联邦之路

国债产生、发展的历史背后，实质上体现的是一个具有普遍意义的解决债务危机的逻辑：陷入债务危机的国王交出征税权、预算权等自己原先所掌控的财政权，给更具公信力的机构——议会，作为回报，国王获得了更大规模、更具可持续性和成本更低的廉价资金。这一解决国王债务危机的办法并不是让国王勒紧裤腰带还钱，而是把国王的“私人债务”转化为国民共同承担的“公共债务”，也就是国债。国王所必须付出的代价就是交出自己的财政权，议会可以通过公共预算控制来约束国王的开支。这个过程意义重大，因为其中蕴含着根本性的制度变革。历史上的西欧国家用“国债”的办法解决国王债务危机的进程，实质上就是“资产阶级革命”，因为正是在国债制度的诞生、发展和完善中，“王权”受到越来越多的限制，国王让渡出自己的财政权，以代议制为核心的现代国家体制才逐渐形成。

美利坚合众国的建立也是遵循了其欧洲先辈们一样的逻辑。独立战争刚刚结束后的美国实际上只是由十三个州组成的松散邦联，每个州其实都相当于一个主权国家，若从权限上来讲，当时美国邦联制下的中央政府还要远逊色于今天的欧盟。但是美国在独立后不久就遭遇债务危机，因为美国各个州和大陆会议在独立战争期间所发行的大量债券在战后无法兑现。美国解决独立战争后债务危机的办法是由中央政府全部接收各个州的地方债务，一次性地免除各个州的债务负担，而中央政府则从各个州获取了征税权和管理国际贸易的权力。紧接着，中央政府成立财政部，以中央政府的信用为担保发行新的国债，用筹来的资金偿还各州之前欠下的债务。这一债务危机化解之道同样遵循了“以财政权力换取融资能力”的原则，把原先各个州的“私债”转换为由整个联邦共同承担的“国债”，而州则将原属自己的财政权（主要是征税权）让渡给中央政府。这场债务危机也让美国的政治制度发生了根本性的变革，促使美国通过了新宪法。美国从原先松散的邦联转变为由中央政府统一行使主权的联邦国家。

共同债务是欧洲走向政治联盟的起点

如果用历史比照一下当今的欧债危机，可能会更加清晰地看出未来欧洲一体化可能的发展路径。希腊、爱尔兰甚至是意大利和西班牙这些国家的政府，就像历史上陷入债务危机的大大小小的国王，或者是美国独立战争后没有偿债能力的那些州。它们不仅债台高筑，而且因为信誉太差而必须承受超出自身能力的融资成本，导致债务负担不再具有可持续性。解决之道很可能就像历史上所发生过的一样，把这些“国王”和“州”（陷入危机的国家）的“私债”（单个国家的主权债务），转化为“国债”（欧盟或者欧元区成员国共同担保的债券），但是这些“国王”和“州”需要付出代价——交出财政权，实现某种形式的财政统一。这一化解债务危机的历史逻辑，其实也是今天的欧洲人在应对债务危机时所坚持的。现在欧盟机构已经拥有了监督成员国财政的权力，成员国政府的财政预算在交本国议会通过之前先要让欧盟机构审核同意，预算权已经开始了某种程度的让渡。也就是说在“怎么花钱”的问题上，成员国政府要接受一个超主权机构的指令，这在几年前是不可想象的。

对于发行共同债券的做法，德国政府已经不再像欧债危机爆发初期那样因为碍于国内民众的抵制而坚决反对，德国的政治家现在开始公开谈论建立财政联盟的可行性和具体步骤。德国经济部长、社会民主党主席加布里尔曾公开表示，要让欧元区共同担保各个成员国国债的同时，各国要遵守相同严格的财政纪律。可以通过修改宪法来实现这一目标。建立欧元区共同预算的计划也在积极讨论中，预算初步将主要用于那些因为实施财政改革而国内经济增长陷入困境、失业率高的国家，筹措资金的方式是开征新的税种，比如金融交易税或者个人所得税。这些理念对欧盟的发展意义重大。雅克·阿塔利是法国前总统密特朗的特别顾问，曾代表法国政府参与《欧洲联盟条约》的起草，他形象地将欧元的创建比喻为一个“圈套”，因为欧盟采取的每一个步骤都必须引向下一个步骤，否则初始的计划就不会成功。统一货币需要共同预算，而共同预算又需要共同的议会，这样就把欧洲引上了联邦之路。历史不会重复自己，但总是押着相同的韵脚。

（本文发表于2017年2月6日）

预测“黑天鹅”

当地时间4月23日，法国举行总统大选首轮投票，几乎全球媒体的目光都聚集于此，欧洲各国的政治领袖、商界精英更是屏住呼吸，焦虑地等待大选结果，唯恐再次飞出一只“黑天鹅”。

这次选举之所以备受瞩目，一是因为它关系到欧洲未来的发展方向，二是它被看作一次对西方政治体制的信任投票。

参加大选的11位候选人中，真正有能力问鼎总统宝座的其实只有4位候选人：菲永（偏右派候选人）、马克龙（中间派独立候选人）、勒庞（极右翼国民阵线候选人）、梅朗雄（极左翼候选人）。引发国际社会担心的是勒庞和梅朗雄的可能当选，因为这两者都主张弃用欧元、退出欧盟，在移民问题上的强硬立场也有悖于欧洲的主流价值观。法国是欧盟的核心创始成员国，一旦这两人中的一位当选，不仅会引发国际资本市场的剧烈动荡，对欧盟更是重重的一击，直接影响国际格局的变动。

民意调查显示，“四强”的支持率非常接近，数字上的差别都在统计误差的范围内，谁都有当选的可能性。由此，这次大选也被称为法国史上最难预测的选举。

实际上说“最难预测”有点言过其实，主要是各路分析师在“英国脱欧”和“特朗普上台”这两个大事件的预测中被弄得灰头土脸、市场信誉受损，所以，无论媒体还是专业人士都对选举结果的预测三缄其口，避免再次“误判形势”。而那些国际上有影响力的“头面人物”，也吸取了上次英国“脱欧公投”的教训，虽然他们心里都暗中支持亲欧的马克龙，但也不敢再公开表达立场，以免被民众反感有说教之嫌，反而帮了倒忙。因此，与之前不同，对此次法国大选进行非常明确预测的，少之又少。

纵然如此，本文仍有兴趣进行一下简单的分析预测。这个“勇气”来自读书时一位老师在课堂上讲到的关于诺贝尔经济学奖获得者肯尼斯·阿罗的一段经历。第二次世界大战期间，阿罗曾受雇于美国军方的气象部门，担任天气预报员。他和他的同事们在进行了大量的大气资料分析后，最终无奈地意识到，预报一个月以后的天气是徒劳的，那无异于碰运气。于是他们就向上司反映，要求不再做类似的预测。

然而他们得到的答复却是：“总司令完全清楚预测是不准确的，但是他需要这些预测供计划之用。”也就是说，错误的预测要好过没有任何预测，因为在充满不确定性的世界里，我们每个人都需要方向感。对法国大选的预测就类似于对下个月的天气进行预报，虽然碰运气的成分居多，但国际社会仍然想在黑暗中摸索前行时有一个思考、应对的方向。

笔者倾向于认为，勒庞和梅朗雄当选的概率很低，法国这次大选不太可能发生什么令人震惊的变化。与英美强调个人奋斗、以“赢得彻底，输得也彻底”为原则的自由市场经济不同，欧洲大陆国家实行的是“社会市场经济”，强调市场竞争中人与人之间的社会责任，以税收的方式让分配更加公平，并提供平价的教育，通过社会保障制度为那些在劳动力市场暂时失利的人提供喘息的机会，确保那些资质平平的人也能过上相对体面的生活。

所以，欧洲大陆国家的贫富差距虽然也在近年来加大，但相较于英国和美国，还是缓和很多。

欧洲的福利制度虽然长期以来饱受诟病，但该制度也对解决经济全球化所带来的不平等问题起到了关键作用。诸如西班牙、希腊等陷入危机的国家，其18~25岁青年的失业率一度达到50%，但社会整体仍保持稳定，极端思想很难变成具有颠覆性的社会运动，其原因也在于此。

何况，选民担心的移民和恐怖主义从本质上看都是跨国问题，因此需要通过国际协作来解决。欧洲联盟恰恰在解决这一问题上比单个国家具有更多的优势。反欧盟，并不能真正赢得主体选民的支持。

面对不确定性，预测很大程度上是碰运气。万一勒庞或者梅朗雄当选，法国真的就可能退出欧盟、弃用欧元，那么再然后呢？欧盟也许会解体。欧盟本身就是一场制度试验，既然是试验，当然也可能失败。即便如此，欧盟确实保障了欧洲战后六十年的和平与繁荣，历史教科书里，它肯定会留下痕迹。

（本文发表于2017年4月24日）

大英帝国的气息

近日，美国银行董事长布莱恩·莫伊尼汉宣布，为了应对英国脱欧所带来的不确定性，美国银行决定将其欧洲业务中心从英国伦敦迁到爱尔兰的都柏林。虽然他没有具体透露美国银行在伦敦现有的4500名员工有多少需要调配至都柏林，但作为一家在全球金融市场具有举足轻重地位的国际性银行，美国银行的迁址无疑是对特雷莎·梅要在脱欧之后打造一个“全球化英国”的计划的一次打击，伦敦的全球金融中心地位正在受到严峻挑战。

其实早在美国银行宣布迁址计划之前，许多国际金融机构就已经纷纷启动了“脱欧应急预案”：巴克莱银行和摩根大通选择了都柏林，摩根士丹利、德意志银行高盛、花旗和日本的野村银行则选择了法兰克福。安永公司的研究报告显示，截止到2017年6月底，在英国的222家银行、保险、投行等领域的大型金融机构中，有59家宣布了要将其在英国的人员和业务迁到外国的计划，大部分选址在法兰克福、都柏林以及卢森堡。

这些金融机构“逃离”伦敦是有现实需求的。在2019年3月底英国正式脱欧之后，在伦敦的金融机构如果想继续向欧盟27个成员国境内的客户销售金融产品和提供金融服务，就需要重新申请欧盟金融经营许可证，整个程序最长需要等待18个月。这对于奉行“时间就是金钱”原则的金融业而言，成本是巨大的。何况，这些在伦敦的金融机构的大量业务与欧元有关，它们离不开欧盟大市场。

此外，英国44%的出口市场是欧盟国家，还有18%的出口市场是与欧盟签有自由贸易协定的国家。脱欧之后，英国的对外贸易是否还能维持在目前的水平上，是一个巨大的问号。而金融业务与对外贸易又是息息相关的，金融机构“出走”伦敦，多少有一点“大难临头各自飞”的意味。

从长远来看，随着马克龙的上台，德法轴心在逐渐恢复动力，默克尔在与马克龙会面时表示，可以考虑修改欧盟条约。这意味着，欧盟财政一体化很可能在今年德国大选之后真正启动，除了建立欧元区的共同预算外，今后不排除发行欧元区共同债券的可能，这对金融机构而言是一块绝不能错过的巨大蛋糕。

金融是英国的立国之本，承载着大英帝国的历史荣耀。正因为有着欧洲一流的金融管理能力，19世纪的英国在拿破仑战争中才会最终战胜法国。当时，英国国债的平均利率为3.7%，而法国信用最好的债务的利率也达到了6.1%。战争的背后是财政，这意味着在与英国的战争中，法国要付出的成本远高于英国。

由于英国金融业的良好信誉，英国在融资能力上占据明显优势，在拿破仑战争期间，法国大量的资金流入英国。1801年法国居民拥有的英国国债为15万英镑，到1810年增至172万英镑。这相当于法国人出钱资助英国与法国作战。此外，由英格兰银行管理的荷兰、西班牙、德国的资产，也达到了1454万英镑。从金融的角度看，拿破仑的失败并非偶然，英国更胜一筹的金融能力从一开始就奠定了胜利的基础。

如今，金融业为英国每年贡献2160亿欧元的税收，占英国经济总量的12%，如果伦敦因为脱欧而丢掉了国际金融中心的地位，那么大英帝国仅存的一丝气息也就快没有了。

（本文发表于2017年7月31日）

马克龙的“雄心”

上周，法国总统马克龙对希腊进行了上任以来的第一次国事访问。选择希腊作为首个国事访问国绝非偶然，因为希腊既是欧洲文明的诞生地，又是2009年引爆欧债危机的“肇事国”，希腊近几年来所处的困境，就是重重危机之下欧洲的缩影。马克龙视希腊为欧洲重生之地，他在希腊演讲的主题就是“重建欧洲联盟”。

马克龙在雅典的演讲中为一个“新欧洲”制定了路线图，他认为首先要做的就是“不要对雄心壮志心存畏惧”，这明显是说给德国总理默克尔听的，因为马克龙重建欧盟的“雄心”显然已经突破了德国的底线——建立欧元区共同预算，在欧元区设立一名财政部长，并且要建立欧元区的议会。

马克龙重建欧盟计划的本质是要推进财政一体化，这是欧洲一体化核心中的核心。再加上一个议会，这就相当于把欧元区变成一个联邦制的国家了。虽然马克龙没有具体说明共同预算的资金来源和欧元区财政部长的职能，更没有提让德国人揪心的债务共同化，但方向无疑是明确的，即把欧洲联盟变成欧洲合众国。

马克龙的“雄心”能实现吗？历史是最好的老师。虽然欧洲一体化是一次充满想象力的制度试验，但仍然是有历史经验作为参照的。美国从13个英属北美殖民地发展成为一个联邦制合众国，这个过程为欧洲一体化提供了历史坐标。2011年诺贝尔经济学奖获得者托马斯·萨金特的获奖演说《美国的昨天，欧洲的今天》，就是从美国独立后财政一体化的历史去展望欧洲的未来。

1776年7月4日，北美大陆会议批准通过《独立宣言》之时，这13个殖民地对未来的期许并不是要像当时的英法一样，成立一个统一的国家。独立战争胜利后，成立的是一个邦联政府，每个州都拥有自己的主权，当时的美国邦联，权能远不如今天的欧盟。直到1787年制宪会议后，美国才有了一个形式上的联邦政府。

但直到19世纪，美国联邦政府预算在和平时期的开支还一直维持在1%~3%的水平，每个州使用的货币也是五花八门，到了19世纪60年代才有了统一的美元。美国真正实现财政的统一是1929年“大萧条”的结果。

罗斯福实施“新政”，启动大规模的公共工程来刺激经济增长，政府支出大规模扩展，这让在联邦层面建立统一的财政成为必需，而为了解决大规模失业问题，政府又建立起社会保障制度。这些措施真正实现了美国各个州之间的转移支付；银行业联盟也是在这时建立起来的。

可以说，美国从建国到真正实现财政一体化，花费了将近160年的时间。如果以美国为参照，那么今天已经拥有了统一货币，且正在建设银行业联盟的欧洲，成绩还算说得过去。

用历史的眼光再去看今天马克龙重建欧洲的雄心壮志，我们会发现，如果他成功了，那真是运气好；如果他失败了，那再正常不过了。

（本文发表于2017年9月13日）

德国版的“货币基金组织”

根据德国媒体的报道，作为对法国总统马克龙雄心勃勃的“重建欧洲”计划的回应，德国财长朔伊布勒准备推出德国版的欧元区改革方案，其核心是将现有的欧元区救助基金——拥有7000亿欧元资金量的欧洲稳定机制（European Stability Mechanism,简称ESM）——转型打造为“欧洲版”的国际货币基金组织，即欧洲货币基金组织（European Monetary Fund，简称EMF）。

现年75岁的朔伊布勒被认为是欧元区最具实权的财长和最为强硬的财政纪律捍卫者。他也是默克尔亲密的政治盟友，自2009年担任财长以来，实际扮演着欧洲应对债务危机的主要操盘手角色。有消息称，为了给默克尔正在进行的三党组阁谈判扫清障碍，朔伊布勒在默克尔的第四个任期将让出财长职务，到议会任职。

虽然建立“欧洲版”国际货币基金组织的呼声在欧盟内部早已有之，但德国在此时高调又积极地启动，一方面是因为朔伊布勒想在8年财长生涯谢幕前留下自己的“政治遗产”；另一方面，默克尔面对马克龙以推动欧洲一体化为口号在欧洲发起的魅力攻势，也必须进行回应。

德国媒体透露出的方案包括三个方面的要点：第一是扩大资金能力，增强ESM应对未来不确定危机的“火力”；第二是优化职能，形成一套更有效的债务重组机制，对陷入危机的成员国进行救助；第三是机构转型，将目前ESM“私人金融机构”的身份转变为欧盟机构，赋予其监督成员国执行财政纪律和对成员国的经济风险进行观测、预警的权能。

很明显，德国想要打造的“欧洲货币基金组织”，实际上是一个强有力的财政纪律监管机构和高效的主权债务重组机构。原先欧盟条约为了使欧元平稳运行，规定了成员国必须遵守的各项指标（比如财政赤字不超过GDP的3%，公共债务不超过60%等），但这种遵守主要靠成员国政府“严于律己”的自觉。德国人的目的是想让财经纪律的执行有具体制度和机构的支撑，因而处心积虑地要把ESM变成EMF。

EMF显然离马克龙的政策目标还很远。德国人关心财政纪律，马克龙更希望将财政作为投资手段，发挥促进经济增长的作用，因而才主张建立欧元区财政部，借此将债权国的财政资金转移给债务国，并设立欧元区财长来协调宏观经济政策。

单纯从技术层面看，稳定的欧元既需要一个“欧洲货币基金组织”来严肃财政纪律，应对成员国出现的短期国际收支危机，也需要一个“欧元区财政部”来解决成员国之间长期的竞争力失衡问题。

但更为根本的是，欧元的长期稳定需要“政治信心”。曾担任欧洲中央银行第一任首席经济学家的奥特马·伊辛形象地将欧元形容为一个“没有国家的货币”。没有确定的主权信用作为坚强后盾，这是欧元最大的缺陷。

货币的背后永远是政治，欧元也是如此。很难猜测德国的“欧洲货币基金组织”与法国的“欧元区财政部”之间所上演的这出“权力的游戏”，谁能最后胜出。但确定的是，只有德法两国实现实质性的合作才能为欧元稳定提供最终的“政治信心”。

（本文发表于2017年10月10日）

“阔绰”的希腊

近日，希腊总理齐普拉斯宣布，作为“社会红利”（social dividend），政府将向民众分发14亿欧元的财政盈余资金。

根据路透社报道的分配方案，其中7.2亿欧元将以现金的形式在12月中一次性地支付给340万中低收入者（每人具体所得要根据收入、财产和家庭规模来计算，希腊总人口约为一千一百万）；3.15亿欧元将用来补偿2012~2016年因削减医疗保险金而受损的养老金领取者；希腊最大的电力提供者——公共电力公司将获得3.6亿欧元的补贴，以确保其不提高电价。

自2009年希腊爆发主权债务危机以来，“做假账”“财政破产”“经济萧条”“高福利养懒人”等都成为描述希腊的标配词汇，齐普拉斯这次一掷千金的“阔绰”还着实让国际舆论吃惊了一回。

其实希腊政府此次“阔气”的背后是长达7年以“紧缩”为主轴的结构性改革，包括削减政府开支、裁撤政府冗员、压缩劳动力成本、延迟退休年龄、降低福利等一系列措施。

改革是痛苦的。根据欧盟统计局的数据，危机爆发前的2008年希腊劳动力成本为平均每小时16.8欧元，到了2014年下降为14.5欧元，低于10年前的15.3欧元。这意味着实施“紧缩”政策7年来，希腊人的平均工资水平非但没有上涨，反而逐步下降。这显然有利于降低经济运行成本。

希腊的改革措施还是逐渐得到了回报：吸引了包括中国在内的外来投资，经济增长在恢复，得以重返国际资本市场发行债券，等等。2017年希腊政府预计可以实现3%的财政盈余，超过了之前1.75%的预算目标，这也是希腊政府决定给国民现金补贴的依据所在。

但引起国际舆论兴趣的，不仅是希腊政府此次“阔绰”的原因，更多的是“阔绰”的方式：向民众直接发放现金。在主流经济学理论看来，这种做法非但没有效率，简直就是不负责任的“败家”，因为“好钢没有用到刀刃上”，就无法达到正确的激励效果。资源分配应该是资本优先，这虽然在短期内会拉大贫富差距，但资本创造的财富会渗透到社会的中下阶层，最终人人受益。

耐人寻味的是，希腊最大的两个国际“债主”——IMF（国际货币基金组织）和欧盟——并没有“痛斥”或者反对希腊的这次“败家”行为，欧盟发言人还对此加以肯定，表示希腊政府这次分配“社会红利”与当前希腊与国际债权人的协议是一致的。这与之前“威逼”希腊以紧缩求效率、促增长的态度形成鲜明对比。

这种转变的背后是希腊出现了财政盈余，更值得关注的是，从中折射出当前欧美发达国家发展理念的悄然变化：如何避免“社会凝聚力”受到侵蚀，以及重新回归公共政策的重心。因为“社会凝聚力”的弱化会导致政治两极分化，并最终降低经济增速。

这种理念的转变集中体现在今年10月IMF发布的《财政监测报告》中，报告分析了“全民基本收入”作为新型财政再分配工具的可行性，即对全体民众给予相同的无条件转移支付。简单来说就是给每个人“直接发钱”。

仅仅倒回几年前，这肯定会被认为是太过激进而只能在学术象牙塔里讨论的理论命题，而如今，IMF将“全民基本收入”作为政策选项，用经济模型严谨地讨论其实施的条件和前景。

IMF的研究显示，如果将“全民基本收入”设定在人均收入中位数25%的水平，那么在发达经济体其财政成本为GDP的6%至7%左右，在新兴市场和发展中经济体是3%至4%左右。IMF认为“全民基本收入”会对所有国家的不平等程度带来巨大影响，将使基尼系数（衡量不平等程度的指标之一）平均下降5个百分点。新兴市场和发展中经济体实施“全民基本收入”政策，也会大幅减少贫困。

很难想象，IMF会得出这样的研究结论。希腊直接发钱给民众的政策虽然离“全民基本收入”还很远，但两者内在的思想脉络无疑是具有一致性的，那么这是否预示着欧美国家经济政策理念的一个转变方向呢？这可能是此次希腊“任性”发钱所带来的最有价值的思考。

（本文发表于2017年11月28日）

2018年，躁动的欧洲

英国著名政治学家塞缪尔·芬纳在其史诗级的巨著《统治史》中这样描述欧洲：自从西罗马帝国灭亡之后，欧洲的突出特征就是它从来没有停止前进的步伐，它总是躁动不安，总是跃跃欲试……欧洲大陆仿佛在全力追求什么，但这种追求却又永无止境，追求之路没有特定的终点。的确，今天的欧洲“躁动”依然，在联合的道路上四处奔跑，却始终找不到方向。没有人能说得明白处处以“欧洲”自居的欧洲联盟到底是一个什么样的政治组织；也没有人知道，作为战后一次大胆又充满想象力的制度试验，一体化的联合之路会把欧洲带向何方。

面对外部世界的重重危机和内部民众不断上升的质疑情绪，欧洲的精英们显得不再那么自信，带着一丝的无奈和怀旧式的迷茫，尝试着放下身段，摆出一副让“人民”选择未来的“谦卑”姿态（2017年3月欧盟发布白皮书，提出未来5种可能的发展方向供各界讨论），但欧洲的“人民”似乎比欧洲的精英们更迷茫。

2016年6月，欧盟在10年之后发布了第二份全球战略文件。对于当时欧盟自身的处境，序言以略带忧伤的笔调写道：“我们联盟的目的，甚至是联盟的存在，正在受到质疑。”仅仅时隔一年，在2017年9月的国情咨文讲话中，欧盟委员会主席容克便对未来充满了乐观。他说：“欧洲的风帆又被顺风吹动了。”那么，作为一支牵动全球格局变动的战略力量，2018年的欧洲会怎样呢？对于这一问题，即便是提着满满的理论工具箱的研究者，也很难给出准确的回答。

社会学家迈克尔·曼曾说，实证主义者的理论总是被证明要比社会现实简单得多，除非是一些废话，否则任何命题都不可能适用于所有的社会。曼认为社会现实之复杂，足以击败任何人想要完全理解自身处境的努力，因此也足以击败一些实证主义者所鼓吹的理性选择理论。在曼看来，相较于试图用一种理论去苦苦寻求社会发展演变背后“根深蒂固”的动力，更为有价值的工作是提供一种观察方式来重新审视这种“根深蒂固”的动力。

曼认为社会的发展是经济权力、政治权力、军事权力和意识形态权力这四种社会权力之间相互冲突、连接和组合的结果，其过程充满了偶然性。既然欧洲人自己都不知道未来的目的地在哪里，那么作为局外人，说不清楚欧洲的未来就更算不上是一件“可耻”的事了。我们不妨先尝试顺着曼的思路来眺望一下2018年的欧洲。

诺贝尔经济学奖得主、哥伦比亚大学教授斯蒂格利茨在2017年再版了《欧元：统一货币如何威胁欧洲的未来》一书，斯蒂格利茨仍然坚持他一以贯之的观点：欧元区是失败的。欧元既没有让欧洲实现繁荣，更没有推动政治一体化。他将欧元比喻为一场“失败的婚姻”，两个本不该结合的人走到了一起，并对彼此宣读那些本该十分牢靠的誓言。但2017年欧元区的经济增长却出乎许多观察家的预料，成为发达经济体中的领跑者。

经济合作与发展组织（OECD）在今年9月发布的经济增长预测报告中，将欧元区2017年的经济增速上调至2.1%，2018年则上调至1.9%。其中，德国2017年将增长2.2%，2018年为2.1%；法国2017年和2018年将分别增长1.7%和1.6%；而意大利为1.4%和1.2%。IMF今年10月的预测也将2017年和2018年欧元区的经济增速上调至2.1%和1.9%，较7月的预测各提高了0.2个百分点。相较于美国“效率优先，兼顾公平”的自由市场经济制度，欧洲“公平优先，兼顾效率”的社会市场经济制度，也在某种程度上开始展示其在危机过后复原的韧性。

马克龙的上台为欧洲政治一体化的推进提供了契机，但是作为欧盟事实上的“盟主”，德国对于马克龙提出的“共同预算”“设置欧元区财长”“建立欧元区议会”等宏伟蓝图心态微妙：一方面对马克龙的热情和梦想“心有戚戚焉”，毕竟一个更加一体化的欧洲符合德国的长远利益；另一方面，出于政治的保守和经济的算计，德国又缺乏真正的勇气和胆识迈出这一步。无论如何，对欧洲而言，2018年德法之间将要接连上演的“理智与情感”“权力的游戏”甚至是“阴谋与爱情”，都值得期待。

欧洲曾经极度自恋，相信自己的制度和价值观能够在残酷的国际竞争中“不战而屈人之兵”，深陷“欧洲是一支什么样的力量”这种“天问”式的自我陶醉中，但是普京和特朗普帮助欧洲又回到“现实政治”中。欧洲突然发现，在充满“对抗性”的世界里，仅靠软实力是不够的，欧洲要奉行“有原则的现实主义”，打造可信的防务力量。2017年12月11日，欧盟理事会发表声明宣布，25个成员国签署防务领域“永久结构性合作”。所谓“永久结构性合作”，最初在2009年生效的《里斯本条约》中提出，该条款允许成员国共同发展军事实力、投资合作项目以及加强各国武装力量，但一直没有落实。欧盟委员会主席容克将这一进展形容为“《里斯本条约》中的睡美人醒来了”。然而，国际社会关心的恐怕不只是睡美人“一笑倾城”的盛世容颜。

极右翼反欧盟、反移民、反精英政党在欧洲的活跃，让很多人惊呼是否民粹主义思潮将占领欧洲。荷兰、法国、德国在2017年大选中并未出现极右翼上台执政的情况，似乎又让人们觉得高估了极右翼思潮的力量。那么2018年极右翼思潮是否会卷土重来呢？迈克尔·曼对意识形态权力的分析或许能够为我们的观察提供一个方向。曼认为意识形态组织对于维持意识形态权力具有决定性作用，正如自由贸易思潮的被接受和影响力，依靠的是“二战”后WTO（前身是关税与贸易总协定）这一全球多边贸易组织的各种机构和规则，而近年来自由贸易理念的式微，与WTO自身组织力量的衰落有密切关系。那么欧洲各类形形色色的极右翼思潮，是否也有足够强大的组织来支持其落地生根，进而持久地保持影响力呢？

欧洲的躁动，更多还是源自内生的结构性变化。1900年欧洲的人口占全球总人口的25%，到了1960年降为11%，2015年为6% ，如果按照目前的生育率趋势，到了2060年将进一步下降至4%；到了2030年，欧洲将会成为世界上“最老”的地区，其人口的年龄中位数将达到45岁，而同期的北美为40岁，亚洲为35岁，非洲为21岁，全球平均为33岁；2004年欧盟27国（除去英国）的GDP总和占全球的26%，在2015年降至24%，到了2030年将下降至20%以下。

2018年的欧洲会向何处去？这取决于欧洲的社会市场经济制度、欧洲的一体化进程、欧洲的防务力量建设和欧洲价值观之间的相互碰撞与融合，以及这一过程中，欧洲解决自身结构性问题的方式。

欧洲人会怎么做呢？斯蒂格利茨很肯定地说，作为一位政治预言家，他打赌欧洲会采取“蒙混过关”的方式，而非真正的改革。也许他是对的。欧洲人从战后一片废墟到如今能够打造出一栋虽然摇摇晃晃、但还过得去的“欧洲大厦”，本来就是蒙混过关。

（本文发表于2018年1月5日）

“欧洲合众国”是谁的？

德国社会民主党主席马丁·舒尔茨在大选落败后一度门可罗雀、无人问津，但他近日高调宣称希望建立“欧洲合众国”，又让他重回舆论的焦点。

舒尔茨的这一宣示之所以备受关注，表面上看是因为此时他领导的社民党正在和默克尔领导的联盟党进行组阁谈判，这一表态可能是未来德国新政府的施政方向，但更深层次的原因在于，欧洲合众国的愿景又一次撕开了欧洲的旧伤疤：是谁的欧洲合众国？以谁的方式走向欧洲合众国？德国的？

在现实中发现问题，到历史中寻找答案。我们不妨先回到欧洲一体化的原点。

1940年11月，英国战时内阁新闻部的哈罗德·尼克森送给当时已经名满天下的经济学家凯恩斯一份文件。这是关于纳粹德国经济部长瓦尔特·冯克在1940年7月25日的柏林记者招待会上宣布的希特勒“欧洲新经济秩序”的详细资料。尼克森希望凯恩斯发表一个广播讲话，批评“冯克计划”，借用凯恩斯如日中天的学术声誉打压纳粹德国妄图统一欧洲的“狼子野心”。

尼克森没想到的是，凯恩斯对纳粹德国的“冯克计划”大加赞赏，认为它“非常出色，正是我们自己应该考虑去做的事”。

为什么凯恩斯会对万恶的法西斯德国提出的欧洲统一计划如此“一见倾心”呢?

原来，“冯克计划”的核心是建立一个由柏林主导的“欧洲清算同盟”，成员国相互间在对方的中央银行开设特别账户，进口国可以用本国货币向出口国设立在本国央行的特别账户来支付货款。

这样一来，只要“清算同盟”的成员国之间进出口处于平衡状态，就不必进行货币兑换和外汇支付，这就避免了货币贬值。成员国之间实际上是一种固定汇率，而固定汇率是非常有利于国际贸易的。

在凯恩斯看来，正是由于1929年“大萧条”之后各国为了克服、转嫁自身危机，以邻为壑，结果货币竞相贬值，汇率混乱，大打贸易战，破坏了国家间的信任，才导致各国滑向了第二次世界大战的深渊。所以“冯克计划”里所体现的“稳定汇率”“促进贸易”等理念让凯恩斯深以为然。

正是因为从纳粹德国的“冯克计划”里获取了灵感，作为英国财政部顾问的凯恩斯在代表英国与美国进行的关于战后国际货币体系安排的谈判中，提出了著名的“国际清算同盟”的建议，该建议不仅仿效“冯克计划”建立多边清算机制，还更进一步提出要发行“超主权货币”，这就是货币史上赫赫有名的“凯恩斯计划”。

出于维护美元主导地位的考虑，美国拒绝了“凯恩斯计划”。“二战”后的国际货币体系安排是以美元为中心，也就是经常被提到的“布雷顿森林体系”。

但“冯克计划”并没有就此消亡。“二战”后，美国实施援助西欧国家的“马歇尔计划”。为了更有效分配、使用美元资金，1950年，西欧国家成立了“欧洲支付同盟”，成员国之间实施多边清算，这与“冯克计划”的理念是一致的。“欧洲支付同盟”的经验为1979年建立“欧洲货币体系”奠定了基础，再后来的故事就众所周知了，1999年欧洲实施统一货币，欧元诞生。

希特勒可能做梦都没有想到，对纳粹厌恶至极的凯恩斯会和他在欧洲统一方面有某种程度的“惺惺相惜”，更不会想到，半个多世纪之后，他会和一种叫作“欧元”的共同货币在幽明之间存在着关联。

这个关联长久以来被德国以及其他欧洲国家很有默契地“善意掩盖”，因为关联背后的事实会让今天的欧洲人或不寒而栗，或不知所措——欧洲一体化相当大程度上仍在遵循着德国人的思想逻辑，“德国的欧洲”仿佛成了欧洲人永远难以摆脱的宿命。

这就是为什么舒尔茨提出“欧洲合众国”的愿景会让欧洲人五味杂陈，会挑起历史深处那根看似消失却仍然隐隐作痛的敏感神经。

历史学家托尼·朱特在他的演讲集《论欧洲》中，更是直截了当地说，欧洲将以三种可能的方式被德国主导：在西欧国家的支持下（虽然法国可能不情愿）；在中欧国家的支持下；在中欧国家的反对下。其实朱特的意思是说，无论赞同还是反对，德国的主导是既成事实。

（本文发表于2018年1月8日）

如何成为拯救欧洲的英雄

欧洲需要英雄。按照法国总统马克龙的说法，就是“重建一种政治英雄主义”，这样才能“唤醒沉睡的欧洲”。的确，近年来欧洲似乎成为全球政治舞台上“被遗忘的大陆”，存在感越来越弱。债务危机、乌克兰危机、难民危机以及英国脱欧等“大事件”接踵而至，使得欧洲就像是游走在高空钢丝上的孤独行者，稍有不慎，就会跌入万劫不复的无底深渊。以至于欧洲每次能够吸引国际社会目光的，往往都是在那些几乎要失去平衡的惊险时刻，人们纷纷停下脚步，屏住呼吸，抬头观望，虽然手里捏了一把汗，心里却也会默默念道：这次可能会掉下来吧？

这种尴尬的情景让高傲的欧洲人感到无比憋闷。要知道，早在进入21世纪之初，欧洲人是特别自我感觉良好的。2003年发布的欧盟第一份全球安全战略文件，其名称就充满着乐观主义精神，叫作“一个更加美好世界中的安全欧洲”。当时的欧洲人认为自己“正在经历着前所未有的繁荣、安全和自由”，是“稳定之锚”。十几年过去了，欧洲人突然发现一切都变了，世界非但没有“更美好”，反而自身处在一个“更具对抗性”并且险象环生的世界中。

正是这种巨大的反差和失落，让“重建欧洲”“欧洲合众国”“欧洲雄心”成为今天欧洲精英阶层热衷谈论的话题，他们希望能够出现政治英雄，推动举步维艰的欧洲联合事业，拯救重重危机之中的欧洲，恢复昔日的荣光。那么如何才能成为拯救欧洲的英雄呢?

要想知道这个问题的答案，那一定要读一读美国比较神话学家约瑟夫·坎贝尔的成名作——《千面英雄》，这本书就是一部现代版的“英雄炼成指南”。乔治·卢卡斯当年在创作《星球大战》的剧本时，写了几遍都不成功，在毫无头绪的丧气之际偶然读到《千面英雄》，他一下灵光乍现，感叹“这就是我想要的，也是我一直在做的”，然后就有“尤达大师”“绝地武士”等深入人心的英雄形象。坎贝尔通过对大量东西方神话的比较研究，从中发现了一个共同的规律：所有的神话尽管内容千差万别，但都有一个共同的英雄。那些在不同时代、不同民族神话中出现的英雄虽然在表面上各不相同，但其成长轨迹和开创“万世伟业”的内在逻辑却惊人一致。不同文化中的英雄实际上是同一个，只不过是被不同的文明塑造出了千姿百态的面貌而已。

坎贝尔的研究发现，成为英雄需要三个步骤：第一，或是误打误撞，或是内心召唤，英雄的前身——一个无名之辈离开家乡，开始了神奇的冒险之旅；第二，历经磨难，获得了传奇般的力量，取得了决定性的胜利；第三，英雄归来，与众人分享自己的收获。按照这个标准，有两个人具有成为拯救欧洲的英雄的潜力——德国总理默克尔和法国总统马克龙。默克尔在进入政坛之前，只是一个普通的物理学家，相貌平平，也籍籍无名，与政坛相隔甚远，谁也没有想到她能最终成为“欧洲最有权势的女人”；而马克龙在当选总统前担任政府公职仅4年，在崇尚资历的法国政坛缺乏深厚的根基和显赫的政绩，经过半年的竞选，他竟然把众多政坛老将淘汰出局。

马克龙和默克尔显然都满足了“英雄三部曲”中的第一步，两人的不同在于：默克尔基本也完成了第二步，在应对欧洲所遭遇的系列危机中，表现得可圈可点，可以说算是经受住了考验，也由此收获了巨大的声望和权力。但在第三幕“英雄归来”中，默克尔则显得保守、固执，对欧洲的未来缺乏想象力，没有远大理想，只是想守住既有的成果，而不愿与欧洲其他国家“分享”德国的“胜利”，在不少欧洲政治精英看来默克尔缺少了“英雄气概”。马克龙则相反，没有经历第二幕“英雄受难”，他的政治能力和执政水平并没有得到检验，上台短短几个月更不可能“取得决定性的胜利”，也就没有像默克尔一样“获得了传奇般的力量”。但马克龙跳过第二幕直接进入第三幕，上演“英雄归来”，处处表现他的“欧洲雄心”，高调宣扬他的“欧洲重建计划”，这为他赢得了不少喝彩。但问题是，一个没有“传奇般力量”的英雄拿什么去与众人分享呢？

这就是当前欧洲困境的根源：有两个“不完整”的英雄，但缺乏一个“完整”的英雄。欧洲联合事业的基石是由德法两个国家奠定的，“二战”后，为了避免德法再次发生战争，两国决定各自出让自己在煤、钢两个产业领域的管辖权，建立煤钢联营，这种相互的妥协和退让成就了今天的欧洲联盟。在那个时候，德法两国的领导人也并非是“完整”的英雄，法国领导人经常被嘲笑“好高骛远”，总是试图不劳而获，直接在第三幕扮演“英雄归来”，喜欢在台前出尽风头。对德国领导人而言，出于战争的罪责，成为英雄变成了连想不都敢想的事情，只能远远地注视，但对欧洲一体化真金白银地投入，让德国成为欧洲联合事业中众人皆知的无名英雄。当时德法两国的相互成全让欧洲有了一个“完整”的英雄，今天德法两位“不完整”英雄之间的相互不兼容反而让欧洲陷入了“英雄困境”。

欧洲如何才能走出“英雄困境”呢？普林斯顿大学的经济学教授马库斯·布伦纳梅尔、欧洲经济史教授哈罗德·詹姆斯和巴黎政治大学的经济学副教授、前法国中央银行副行长让-皮埃尔·兰多三人在2016年出版的著作《欧元思想之争》中提供了有益的思考。他们认为，欧洲在寻找金融危机解决办法的艰苦过程中，欧盟内部的权力格局发生了巨大的变革，欧洲一体化的主导权已经从布鲁塞尔的欧盟机构转移到德法这两个很难有共同语言的大国手中。同时欧元危机也在欧洲大陆引发了一场关于经济哲学的思想之争，这场争端是欧洲南部和北部之间的理念之争，尤其是在作为北部代表的德国和作为南部代表的法国之间。

北方的观点是强调宏观经济政策要遵循市场规则，体现严谨性和一致性，进而才能对市场主体形成约束，避免道德风险；而南方的重点是认为经济政策要充分考虑市场中的不确定性和非对称风险，要有灵活性和适应性，不能刻板保守，并且面对市场中出现的新情况要进行政策创新。以“经济治理”为例，对德国来说，它意味着通过激励和惩罚，朝向一个共同遵循的市场秩序；而在法国，它意味着实施促进经济发展的各种措施。同样，德国人把欧元作为欧洲原有的固定汇率机制的改良版本，是以德国马克为蓝本而建立起来的，因而理所当然要遵循马克时期以稳定为先的货币文化，而法国人则把欧元视为崭新的全球货币，以及实施更有效的凯恩斯主义刺激政策的渠道。另外，对于债务增长是好还是坏，是对发展的良性推动还是对资源的肆意挥霍，德法两国更是分歧严重。

要推进欧洲财政一体化，摆脱欧洲的困境，三位作者的建议是建立“经济思想联盟”，即首先要调和欧洲南北方经济哲学的分歧。这能够成功吗？对此他们持乐观态度，因为他们在梳理了德法经济思想的演变历史后发现，今天德法各自所坚持的观点并非是亘古不变的，双方在历史上都曾支持过对方的经济思想。三位作者认为，经济思想不是永恒的，它们会改变，尤其是在危机时期。

回到本文的主题，默克尔或者马克龙能够成为拯救欧洲的英雄吗？坎贝尔说，成为英雄所经历的危险旅程不是为了获得，而是为了重新获得；不是为了发现，而是为了重新发现。英雄历尽艰辛所寻找的“传奇般的力量”一直存在于他的心中。每个人的心中都藏着自己的英雄，需要做的就是去认识它，使它呈现出生命。从这个意义上来说，真正能够成为拯救欧洲的英雄的，是不同的欧盟成员国里的每一个欧洲人，他们需要弥合分歧，相互成全，找到共同的那一位英雄。

（本文发表于2018年2月5日）

欧洲的两个前途

近日，在德国大选结束四个半月后，默克尔领导的联盟党（由基民盟和基社盟组成）终于和社民党就联合执政协议达成了一致。如果协议获得各自党内的批准，那么双方将再次合作，联合组成新一届政府。

就任总理的将依然是旧面孔——默克尔，而此次组阁谈判之所以备受国际关注，焦点不是德国本身，而是欧洲的老问题——“重新崛起”的德国会把欧洲一体化带向何方？

对于此次组阁谈判的结果，舆论普遍认为，这意味着“后默克尔”时代已经来临：虽然默克尔仍是欧洲最具声望和权威的领导人，但其政治影响力在下降。这从新内阁职位的分配就可以看出来。

社民党将掌管外交部、财政部、劳动与社会保障部、家庭事务部、司法部和环境部；联盟党中的基社盟将获得交通部、对外发展援助部以及职责扩大后的内政部的大权，而默克尔领衔的基民盟则预计执掌经济部、农业部、教育部、卫生部以及国防部。这里的关键是，作为对社民党的妥协，默克尔让出了极具“含金量”的财政部。

众所周知，自2009年欧洲爆发主权债务危机以来，德国财政部实际上成了“欧洲财政部”，它不仅决定了对债务国实施救助的原则、方式和节奏，更是强势地确定和主导了以“重整财政纪律”为中心的欧洲一体化路径。

之前长期担任财长的朔伊布勒是深受默克尔信任的“股肱之臣”，他坚决反对“发行欧元区共同债券”“设立欧元区共同预算”等合并、让渡成员国财政主权的实质性财政一体化举措，认为这些政策实际上是债务国以“欧洲团结”的口号来逃避国内改革的责任。他坚持“责任优先，兼顾团结”，要以严格的财政纪律来重建欧洲的全球竞争力。

在社民党的政治精英看来，默克尔并非一个真正的“欧洲联邦主义者”，她在欧债危机期间的“力挽狂澜”，与其说是体现出了“勇气”，不如说是反映出了“怯懦”。因为她仅仅是害怕承担“二战”后几代政治先驱打造的欧洲大厦毁于一旦的责任，所以总是修修补补，而不敢极富远见地抓住机遇，实质性地踏出“联合”的步伐；她不能真正理解一个统一的欧洲对德国的前途意味着多么重大而深远的积极影响，而只是“冥顽不化”地固守当前并不牢靠的“繁荣”。

社民党的欧洲一体化政策则主张“团结优先，兼顾责任”，认为德国的根本利益只有在一个更加一体化的欧洲中才能最大限度地实现，为此德国应该更多地开放自身的财政资源，与其他成员国“共享”。

这并不是简单地让其他成员国“占便宜”，恰恰相反，是在“连欧洲联盟本身的存在都被质疑”的时代，重建“欧洲信任”的起点。这也正是欧洲一体化在“二战”后能得以实现的真正根基之所在。

“二战”后，正是由于法国和德国各自出让了当时最为宝贵的资源——煤和钢——的管辖权，煤钢联营才得以建立，才有了后来的欧洲共同体以及欧洲联盟。这就是欧洲一体化最根本的逻辑——将自己最为珍贵的资源置于彼此的失误、失信和失败的风险之中，信任才能产生，合作才能牢固，更大规模的共同利益才能实现。

所以，社民党主张要呼应法国总统马克龙“重建欧洲”的主张。即便被认为是“政治禁忌”的欧元区共同债券，社民党也持开放，甚至是有条件赞同的态度。

因此，“后默克尔”时代，联盟党“责任优先，兼顾团结”的欧洲一体化路线与社民党“团结优先，兼顾责任”的欧洲一体化路线，将带给欧洲两个不同的前途。

一旦新的联合政府成立，掌握外交和财政大权的社民党，是否会在欧洲一体化之路上走得更远，还未可知。套用《沧海一声笑》里的一句歌词：谁负谁胜出，天知晓。

（本文发表于2018年2月12日）

下一任欧洲央行行长会是谁？

恋人们深知：爱之深，才会恨之切。如果没有了彼此间的怨恨，很可能也就预示着爱情之火的熄灭。在这个意义上，相互的怨恨程度成为检验爱情浓烈与否的关键标准。这个道理同样适用于国际政治。2010—2014年担任欧盟贸易委员的德古赫特（Karel De Gucht）在任期内深深痛心于美国对发展与欧洲的关系失去了热情，他曾无比幽怨地说："爱的反面不是恨，而是冷漠。"正是为了扭转美国对跨大西洋关系"连恨都没有"的冷漠，德古赫特在任期内极力促成欧美之间开启《跨大西洋贸易与投资伙伴关系协定》（Transatlantic Trade and Investment Partnership，简称TTIP）的谈判。这一国际政治"爱-恨定理"可以在相当程度上帮助我们理解国际舞台上缤纷复杂的权力博弈。最新的例证就是欧元区主要国家围绕下一任欧洲央行行长人选而展开的激烈角逐。

2019年10月，意大利人马里奥·德拉吉将卸任欧洲中央银行行长一职，谁将继任执掌这个全球第二大储备货币——欧元的发行和管理机构，引发了国际市场的格外关注。近年来，欧洲央行自身在权力和职能方面发生了深刻的转型，在欧盟治理体系中从边缘逐渐走到了中心，对欧洲一体化的发展方向影响力越来越大。由此，欧洲央行行长一职自然成为欧元区各国当仁不让要争夺的"位子"。作为欧洲一体化色彩最浓、代表欧洲联合最高水平的成果，欧洲央行无疑是2008年全球金融风暴以及随之而来的2009年欧债危机的受益者，其权力在事实上早已突破了欧盟条约的限制，大幅扩张，政策目标也不再是单纯的物价稳定，而是开始扮演起“最后贷款人”的角色，不仅越来越多地发挥稳定欧洲金融秩序的职能，还掌控着欧元区政府的融资能力和融资渠道。这就是为什么在诸多欧盟机构中，欧洲央行的地位日渐显赫。

2009年欧债危机的爆发在很大程度上源于当初欧元的设计者因为当时政治上的阻力，无法完成与统一货币配套的相关制度建设，也就是经济学家经常所说的，欧元区没有统一的财政政策，无法在成员国出现国际收支失衡之时通过成员国之间的财政转移支付来渡过难关。这一先天的制度缺陷被认为是欧元很可能在主权债务的重压下最终走向解体的一个重要原因。但欧元为什么没有像许多经济学家所预测的那样崩溃呢？经济学家的逻辑没有错，但他们忽视了，在金融危机的压力下，欧元区事实上逐步建立起了一种“隐形的财政转移支付机制”，来填补统一财政政策的缺位所留下的空白。这其中最为关键的就是欧洲央行所发挥的作用。

欧元区国家的债务很大比重是以欧元来计价的，未来偿本付息也是用欧元支付，这样一来就不会出现发展中国家债务危机中的“货币错配”问题——也就是外债多以外币计价和结算，而不是本币。所以一旦出现债务危机，国家的财政部和中央银行毫无办法，只能向国际机构和发达国家求助，因为这些发展中国家在短期内无法创造出偿还债务所需要的外国货币。1980年代的墨西哥债务危机和1990年代的东南亚金融危机都是如此，这些危机中的国家债务大多是以美元来计价和结算的。欧元区国家则不同，其债务以本币，也就是欧元来计价和结算的，而创造欧元的权力是掌握在欧洲央行手中的，只要欧元区达成共识，加紧印制出一批欧元还债是不成问题的。

实际上，欧洲人就是这么做的。比如在危机期间推出的所谓“长期再融资操作”（Long-Term Refinancing Operation，LTRO），主要手段就是欧洲央行向欧洲的商业银行大规模地提供低成本资金，缓解银行业的流动性短缺问题，而这些商业银行往往又是欧洲各国政府债券的主要购买者和持有人。这样一来，LTRO实质上等同于欧洲央行直接印钞为政府债务填补窟窿。再到后来欧洲央行无限购买政府债券政策的推出，就更是直白地宣布准备为重债国买单了。这些政策的实质就是转移支付，即把欧元区富裕国家的资金转移支付到深陷债务泥潭的边缘国家，这恰恰是统一财政政策的核心。如果从这个视角理解的话，欧元区之所以没有解体，就是因为这样一种以欧洲央行货币政策为核心的“隐形的财政转移支付机制”的存在。欧元区各国政府对此心知肚明，深知欧洲央行对各国财政举足轻重的地位。

此外，对金融危机的妥善应对，也为欧洲央行赢得了国际声誉。美国前国务卿亨利·基辛格曾说：“如果我要打电话给欧洲，该打给谁呢？”没这个号码呀！他认为欧洲内部力量分散、结构复杂，很难找到一个有决定权的对话伙伴，但全球金融危机似乎让美国找到了“基辛格电话号码”。欧洲智库布鲁盖尔研究所的研究员让·皮萨尼-费里曾将2010年1月至2012年6月时任美国财长盖特纳开会或者通电话的对象以及次数进行了统计，排在前两位的分别为IMF（国际货币基金组织）总裁或者副总裁（114次）、欧洲央行行长（58次）。显然美国人认为在解决金融危机的问题上，欧洲国家政府信誓旦旦的诺言是不可靠的，欧洲央行才真正掌握“终极武器”——货币。

说完欧洲央行的重要性，再回到本文的主要问题——下一任欧洲央行行长会是谁？这首先要看意愿，谁最“爱”这个职位。这里就用到了前文提到的国际政治“爱-恨定理”，即“爱之深”可以用“恨之切”来衡量。谁对欧洲央行最为怨恨呢？答案毫无疑问是德国。当年在实施统一货币的谈判中，有两个条件是德国非常坚持的：一是要求保持欧洲中央银行的独立性，不允许其直接为成员国债务提供融资；二是通过《稳定与增长公约》严格限制成员国对内和对外举债的规模。所以，自欧元诞生以来，德国向来是欧洲央行最为严厉的监督者和最为强硬的批评者，特别是2009年欧债危机爆发后，德国坚决反对欧洲央行以购买成员国国债的方式来稳定金融市场。时任欧洲央行管理委员会委员的两名德国代表——德国央行行长韦伯和欧洲央行首席经济学家斯塔克——频频在公开场合表达反对和批评意见，为了捍卫德国央行货币政策的“稳定文化”，韦伯和斯塔克最终在2011年先后辞职。其中韦伯的辞职尤其让德国总理默克尔伤心，因为韦伯在欧洲金融界享有很高的声誉，也是默克尔心中欧洲央行行长的理想人选，本来默克尔要全力支持其在法国人特里谢卸任后担任欧洲央行行长一职的。

韦伯的辞职让德国人在2011年错失掌控欧洲央行的机会，这才有了德拉吉的上位。显然，德拉吉之后德国人不想重蹈覆辙，对欧洲央行行长的职位是志在必得。权力游戏的大幕已经拉开。今年2月19日，欧元区各成员国财长会议决定选择西班牙经济部长德金多斯在5月接替欧洲央行副行长康斯坦西奥，这一安排提高了德国人在明年担任欧洲央行行长职位的可能性。因为德金多斯代表南欧，从南北平衡的角度考虑，未来的行长应该来自北方国家，这让德国央行行长魏德曼成了热门人选，而魏德曼也表达过对这一职位的兴趣。

魏德曼出生于1968年，2006—2011年在默克尔总理府任职，是默克尔处理欧洲债务危机和国际经济事务的亲信顾问。韦伯辞职后，是默克尔力主魏德曼接任德国央行行长一职，使其成为德国央行历史上最年轻的行长。魏德曼对欧洲央行的“爱”也可以用“恨”来衡量，并且其“恨”的程度丝毫不亚于其前任韦伯。魏德曼公开批评欧洲央行对货币政策的讨论缺乏透明性，他引用歌德的名著《浮士德》中的场景，即魔鬼梅菲斯托引诱皇帝发行纸币代替黄金白银来创造繁荣，委婉地抨击欧洲央行的债券购买计划只是人为制造了金融稳定与经济增长的幻象。德拉吉曾确认，在2012年就直接货币交易计划作出决议时，欧洲央行管理委员会中只有一人提出了反对意见。虽然他没有点名是谁，但心照不宣，大家都知道是魏德曼。

对中央银行历史的研究极负盛名的英国学者古德哈特曾说，如果欧洲需要使用同一种货币，那么完成这一目标最有效率的经济手段莫过于各成员国首先放弃使用本国货币，统一改为使用德国马克，同时各成员国可以派出自己的代表加入德国联邦银行董事会。古德哈特是想表达德国在欧洲货币体系中的主导地位。的确，欧洲央行就是严格地以德国央行为蓝本建立起来的，总部也设在德国的法兰克福，无论魏德曼是否能够如愿成为下一任欧洲央行行长，欧洲央行都是“德国的”。

（本文发表于2018年3月5日）

欧洲要不要建立统一的“财政部”？

上周，IMF（国际货币基金组织）总裁拉加德在位于柏林的德国经济研究所以《繁荣的指南针：欧元区经济一体化的下一步》为主题发表演讲，阐述IMF对未来欧元区财政一体化框架结构的设想。

拉加德在演讲中说，当前世界经济的复苏仍然面临民粹主义和保护主义的威胁，国际社会需要一个参照系来应对这些汹涌而来的危险狂潮。她认为，一个更加统一的欧元区将成为地区繁荣的“指南针”，是为全球合作带来希望的“灯塔”。

拉加德不吝赞美地“拔高”欧元区推进一体化的“重大意义”是有原因的。她在2011年成为IMF总裁之前长期担任法国财长，作为“亲欧派”的一员，拉加德对欧洲联合有浓厚的情结。

所以对于如何推动欧洲财政一体化，拉加德有一种“忍不住的关怀”一点也不奇怪。在她演讲当天，IMF同时以备忘录的形式发布了新的政策分析报告——《为欧元区建立一个中央财政库》，提出了欧元区“中央财政”的架构设计方案。拉加德演讲的主要内容就是基于这份报告。

拉加德说，以GDP（国内生产总值）来衡量，欧元区的经济实力与中国相当；以人口来衡量，还略多于美国。在拉加德看来，欧元区一体化的踟蹰不前，使得其经济潜力未能充分发挥。她认为欧元区不能仅仅是一个存活于风平浪静之中的便利性经济联盟，它要能强有力地在危机时刻为成员国抵挡暴风雨的冲击。

为此，拉加德建议欧元区成立一个“中央财政库”(Central Fiscal Capacity)，其基本思路是，成员国在经济平稳期每年按照一定比例缴纳资金，在经济动荡期“中央财政库”就可以直接向成员国进行转移支付，以缓解受冲击国财政资金的不足。

与传统救助基金的运作模式——需要受援国首先进行申请，然后再经历烦琐而漫长的评审，最终才能得到拨付资金——不同，“中央财政库”有一个自动触发机制，比如，当成员国的失业率高到某一个水平，“中央财政库”将自动对其进行一定规模的转移支付。

“中央财政库”还被赋予了在国际资本市场进行融资的权能，当遭遇特别重大的经济危机，“中央财政库”的资金被过度消耗，并且低于某一水平时，其可以通过“借钱”来补充资金能力。

为了避免道德风险，“中央财政库”引入了商业保险的运作原则：如果某一个成员国因经济下滑而接受了转移支付，那么它需要在经济形势好转后提高其缴费比例。这就好比“汽车险”，因车祸而得到赔付之后，第二年的保费肯定会上升。

为了打消以德国为代表的欧洲“北方国家”的疑虑，“中央财政库”会变成一个无限度的转移支付平台，永久性地将本国的税收转付他国使用。在IMF的方案中，有一个“封顶”机制，即一个国家如果一直没有接收到来自“中央财政库”的转移支付，它积累的缴费就会有一个限额；同样，一个国家能获得的转移资金也是有限额的。

根据IMF的计算，如果欧元区能够建立一个“中央财政库”，假定成员国缴费额度为每年GDP的0.35%，那么可以把经济下行对成员国GDP所造成的负面影响减少50%。

虽然拉加德小心翼翼地使用了“中央财政库”这一工具性的技术概念，没有提到“财政部”，但财长出身的她不会不知道，具有日常的宏观经济稳定职能，可以进行转移支付，无论机构名称是什么，实际上都是在行使财政部的职能。“中央财政库”本质上就是“欧洲财政部”的雏形。如果这一方案被欧元区采纳，欧洲一体化将发生“质”的改变。

（本文发表于2018年4月3日）

欧洲是否还能重拾“爱的能力”？

“爱”无疑是人类历史上最为激动人心同时又最让人沮丧失望的话题了。德裔美国心理学家埃里希·弗洛姆是第一个从科学的角度研究“爱”的学者，他在1956年出版的经典著作《爱的艺术》中写道，大多数人追求爱情，悲欢离合的爱情电影百看不厌，百般无聊的爱情歌曲久听不烦，但却不会“正确地”去爱。人们通常认为爱仅仅是一种偶然产生的令人心旷神怡的感受，只有幸运儿才能“坠入”爱的情网。弗洛姆说这种观念是错误的。如同音乐、绘画和医术一样，爱是一门艺术，是一种通过学习才能掌握的能力。缺乏“爱的能力”，信任会消失，直到敌意、失望和无聊把一息尚存的魅力都抹掉为止。弗洛姆在50多年前的“谆谆教诲”准确地刻画出了当下欧洲人对于欧洲一体化、欧洲联盟所持有的复杂情感。

一方面，虽然以“反欧盟”为诉求的民粹主义浪潮在欧洲许多国家都汹涌兴起，而且赢得了不少关注和支持，但欧洲人对“二战”后欧洲联合事业所取得的成果却是“真爱”。根据2017年欧盟委员会发布的《欧洲未来白皮书》中所提供的数据，66%的欧洲人认为在当今动荡的世界里，欧盟仍是一个稳定的地区，88%的欧洲人支持欧盟的“四大自由”（商品、服务、资本、劳动力在欧盟成员国间的自由流动），70%的人支持统一货币——欧元。但另一方面，欧洲人对欧盟机构的信任度在下降，他们将近年来欧洲所遭遇的债务危机、高失业率、经济增长乏力、社会不平等加剧等问题归咎于欧盟。在2007年，有一半的欧洲人信任欧盟，而在10年后的2017年，只有1/3的欧洲人觉得欧盟值得信赖。正是这种心态导致欧洲一体化停滞不前。意大利埃诺迪经济金融研究院教授圭索和芝加哥大学布斯商学院教授津加莱斯在他们合作的论文《莫内的错误？》中将欧洲人对待一体化左右为难的焦虑心理形容为：欧洲似乎掉进了一个陷阱，既不想后退，又无兴趣前进，但又因经济代价太大而不能维持现状。

如果让弗洛姆对欧洲人面临的困境和不知所措的心理进行诊断的话，他一定会说，欧洲人缺乏“爱的能力”。因为他们现在虽然看上去很“爱”欧元，很“爱”欧洲一体化所带来的“四大自由”，但那并不是真正的爱。弗洛姆会接着“教训”欧洲人说，爱不是只要找到爱的对象，然后有了无法抗拒的强烈情感就行，真正的爱是积极的行动，是一股灵魂的力量。爱首先是“给”而不是“得”，“给”是力量的最高表现，会在相互间唤起某种“生命力”。欧洲一体化的停滞不前恰恰就是缺乏“生命力”的表现，因为各个成员国总是在计算争吵自己能够得到什么，而对于自己愿意给出什么三缄其口。法国要求其他成员国投入更多资金设立欧元区共同预算，以便获得充足的“弹药”拉动增长，但不愿意出让财政主权；德国要求严格遵守财政纪律，但对如何补偿成员国因紧缩政策带来的失业增加与经济下滑等问题冷眼旁观。北欧国家坚持责任原则，即如果你违法了规则，你就要对后果承担责任，他人没有义务救助；南欧国家则奉行团结原则，即认为在共同体中当本国因债务负担过重而陷入危机时，其他国家应该一起共担风险。由于没有哪个成员国愿意主动“给”，一体化也就因缺乏弗洛姆所说的“一股灵魂的力量”，逐渐丧失了某种“生命力”。

2018年3月22日至23日，欧盟举行了为期两天的春季首脑峰会，其中一个重要的议程是讨论欧盟改革。欧洲理事会在会后发布的公报中说，此次峰会讨论的问题包括：是否需要为欧元区设立财政预算？欧元区财政预算的目的是什么？是为了宏观经济稳定？是为了促进投资和就业？还是为了鼓励结构性改革？它应该是现有欧盟整体预算的一部分，还是一个独立的财政安排？提高竞争力和促进增长为导向的结构性改革、校正经济失衡和确保可持续的趋同发展，这些政策目标是否应该统一在欧盟层面推进？是否要采取更多的措施来维护财政纪律？哪种政策工具应该被用来达成这些政策目标？公报也坦率地承认，在上述议题上，成员国之间达成的共识很有限，此次峰会对这些问题也没有定论。毫无疑问，上述问题的答案对欧盟的未来至关重要，之所以无法达成共识，原因还是在于没有哪个成员国愿意“给”。

欧洲人推动一体化的传统智慧是，让危机成为推进欧洲国家进一步合作和融合所必需的工具。这也就是“欧洲一体化之父”让·莫内所反复强调的：欧洲将通过危机而建立，欧洲联合将是各种危机解决方案的总和。普林斯顿大学欧洲经济史教授哈罗德·詹姆斯对此提出了疑问，他认为“莫内原则”发挥作用是有前提条件的，它要求每一次危机都小得足以掌控，如果危机过大或者负荷过重反而会导致崩溃。詹姆斯引用莎士比亚的戏剧《哈姆雷特》中的台词来形容当前欧盟的处境：当悲伤来临之时，它不是形单影只，而是成群结伴。詹姆斯认为要解决欧盟当下面临多重危机的问题，不能被动地依赖莫内式的传统智慧，而应该主动地创新，将看似无解的单个问题捆绑在一起，就有可能找到解决的办法。各个成员国虽然在单个问题上尖锐对立，但如果能够捆绑解决，他们可能在一个问题的解决方案中失之东隅，却能在另一个问题的解决途径中收之桑榆。这样就解决了谁先“给”的问题。

在詹姆斯看来，当前的欧洲虽然深陷多重危机，但这反过来又让欧洲面临一个千载难逢的推进一体化的机遇。詹姆斯建议欧洲人要从1944—1945年第二次世界大战期间以及之后围绕建立布雷顿森林体系所进行的谈判中寻找经验。当时的“五强”——中国、美国、苏联、英国和法国——在战后国际秩序的安排中，将经济利益、政治利益和安全利益放在一起进行谈判，这大大扩展了各国相互间妥协的空间，最终使得以联合国安理会为核心的集体安全机制和以国际货币基金组织、世界银行为基础的国际经济秩序得以建立。虽然由于冷战的开始，布雷顿森林体系发挥的作用仅限于西方阵营，但其得以建立的内在逻辑是今天的欧洲人仍然值得借鉴的。

比如，德国可能不得不在南欧国家的债务偿还方案中付出代价，但却可能从欧盟统一的难民危机应对方案中获得收益和补偿；赞同法国提出的建立欧元区共同预算的方案可能意味着德国要支付更多的资金，并且要在相当程度上牺牲其一直坚持的避免道德风险原则，但这有可能换来法国在欧洲军事和防务一体化上的合作。这样一来，欧盟就会成为具有更大权衡和妥协空间的大舞台，而非一个要必须决出胜负的“诺曼底”。所以，詹姆斯认为欧洲要抓住机遇，迎来自己的“布雷顿森林”时刻。

弗洛姆在《爱的艺术》开篇就写道：几乎没有一场冒险像爱情那样，是以如此巨大的希望和期盼开始，但又以如此高比例的失败而告终。但人们从来没有因此就放弃对爱情的追求。弗洛姆始终对人类追求爱情报以善意的乐观，因为他认为爱是一种能力，而这种能力是可以被掌握的。欧洲统一是欧洲人千年以来所追求的梦想，欧洲联盟则是迄今为止欧洲人为达此目标所进行的一次最为大胆的试验，欧洲人对于一体化所取得的成就毫无疑问是“真爱”，但正如弗洛姆所说，仅仅有强烈的情感是不够的，欧洲需要重拾“爱的能力”。

（本文发表于2018年4月5日）

德国能变“酷”吗？

最近，英国《经济学人》杂志有一期的封面主题是“酷德国”（Cool Germany）。

“酷”意味着敢于前卫时尚，愿意尝试新奇，能够引领风潮。德国给人的“刻板印象”却是：循规蹈矩而缺乏灵活，偏爱稳定而趋向保守，专注自身而少有大局观，仿佛德国就是“酷”的反义词。那么“酷德国”又该怎么理解呢？

具体而言，就是两点：一是最大的改变来自德国总理默克尔针对难民的“开放大门”政策，新旧德国人以及难民之间的隔阂使得德国成为“陌生的新故乡”；二是表现在父权文化正让位于性别平等，职业女性比例上升，默克尔新一届内阁中包括国防部长在内的多个关键职位由女性担任，但同时，德国离婚的人数上升了，结婚的人却越来越少。

在默克尔任内，德国经济不仅挺过了欧债危机，还从“欧洲病夫”变成了“欧洲引擎”。但是看上去“一枝独秀”的德国经济却并没变“酷”：100年前，德国产业的支柱是汽车、化工、机械和电气这“四大件”，100年后的今天，德国经济仍是靠这老“四大件”来支撑，被数字经济和互联网浪潮抛到了后面。

与此同时，德国也变得更加不平等了：官方贫困线以下的居民占比从2005年的14.7%上升到了15.7%，40%的德国工人认为自1990年代中期以来实际收入没有增加，在原西德地区低收入工人的比例从11.9%上升到19.7%。快速发展的服务行业则越来越多地引入美国自由市场经济模式，原先“社会市场经济”下相对和谐的劳资关系变得更具对抗性。

在这种形势下，所谓的“酷德国”实质是在深思与质问——转型中的德国是否有变革的勇气？

战后德国经历了三个周期：1949年联邦德国的建立开始了德国战后第一个周期，主题是“重建”；伴随着1960年代德国的“经济奇迹”，第二个以“繁荣”为主题的周期开启；1990年以“德国统一”为主题开启了第三个周期，显然，默克尔即将为第三个周期画上句号。

德国人对谨慎、保守的默克尔能否为德国开启第四个周期保持怀疑，而“酷德国”需要新理念。所以，“酷”的本质就是变革。

（本文发表于2018年4月25日）

默克尔的“火与怒”，是勇气还是泡沫？

近日，德国总理默克尔在G7峰会上“率众围攻”特朗普的照片火了。照片中的默克尔双手用力地按在特朗普身体前的桌面上，目光冷峻，表情冷漠。联系到此次G7峰会上围绕美国对盟友征收钢铝关税而引发的激烈争执，默克尔身体语言所透露出的“怒火”是显而易见的。

默克尔不是第一个对美国总统爆发“火与怒”的德国总理，她的前辈施密特“火气”要更大，也更出名。

1977年，时任美国总统的卡特为了刺激经济，使美元又开始了新一轮贬值，在当时的德国总理施密特看来，卡特的美元贬值政策是对欧洲的“恶意伤害”。为了维持德国马克汇率的稳定，德国投入巨额资金进行干预，但是收效甚微。这让德国马克一方面承受升值的压力，而另一方面频繁地干预导致德国被动地大量买进美元、卖出马克，等于是创造了大量的基础货币，国内通货膨胀加大，德国苦不堪言。

要想摆脱美元困境，最好的选择是将欧洲国家的货币联合起来，建立欧洲货币体系。这可以避免马克单方面持续升值而削弱德国工业在国际市场中的竞争力。同时，欧洲货币体系内国家之间汇率的稳定可以有效地阻止市场对马克的投机。

法英等国一直呼吁德国搞欧洲货币联合，以应对美国不负责任的货币政策。但货币是主权的象征，德国马克是欧洲最为坚挺的货币，德国人深以为傲，让渡出去一部分货币主权，与一些“弱”的欧洲货币进行联合，对德国而言是非常难接受的。

但当时施密特与卡特之间出现了严重的信任问题，这让他最终下定决心迈出货币联合的实质性的一步。

卡特曾经宣布要为驻欧美军配备中子弹，施密特原本反对这一计划，但是为了避免在美国和德国之间制造严重纠纷的风险，施密特在自己所属的社民党和其他反对党中做了大量的说服工作，最终让德国朝野接受美国的计划。但是在最后一刻，卡特自己改变了主意，取消了部署中子弹的计划。这让施密特非常愤怒，他曾私下对法国总统德斯坦说：“他没有表示歉意，也没有对我进行任何解释。他没有意识到他这样一来使我处于一种什么样的境地，我作为总理，做了那么多工作，全是徒劳无功。而且他后来没再打电话给我。”

这一事件对施密特产生了很大影响，使其重新思考德美关系。当德斯坦询问他为何德美关系的气氛不像从前了的时候，施密特负气地说：“在过去这些年中，美国人已习惯于他们一吹口哨，德国人马上就到。他们知道我们离不了他们。但现在德国变了，德国已重新建设起来，恢复了经济活力，从而也恢复了自己的尊严。应该让美国人不要再以为他们只需对我们发号施令，我们就会服从。”

后来德斯坦承认，（施密特的）这种心态还是为我们共同着手的欧洲联合的未来两个阶段——货币联合和防务联合——减少了一些受约束的因素。施密特对美国的怒火直接促成了1979年欧元的前身——欧洲货币体系成立。

政治家与政客的一个关键区别在于，前者能够将“出离愤怒”转化为敢于拍板和行动的政治勇气，而后者的“火与怒”无论看起来多么鼓动人心，实则只是外表光鲜却一戳即破的泡沫，在生死攸关的政治抉择面前永远都是怯懦和逃避。

面对咄咄逼人的特朗普，默克尔多次表示欧洲人要“将命运掌握在自己手中”，这其中的关键是德国能够在欧洲财政、防务一体化的道路上迈出实质性的步伐。默克尔的此次怒火是像她的前辈施密特那样带来敢于行动的政治勇气，还是仅仅成为美丽的泡沫，这是对默克尔政治品格的巨大考验。

（本文发表于2018年6月19日）

德国的无奈

7月15日，在与俄罗斯总统普京会面前，美国总统特朗普接受媒体访问，在被问到谁是美国在世界上最大的竞争者时，特朗普说，欧盟是美国的“敌人”。这句话深深刺痛了欧洲人的“脆弱心灵”。德国外长马斯发出狠话：“我们不能再毫无保留地信任白宫了。”

德国真的要与美国“分手”了？在马斯的前辈，德国前外长兼副总理加布里尔看来，作为外交领域的“新人”，马斯也就只能打打口水仗，维护一下欧洲人的颜面。

真正的欧美关系是——正如加布里尔所认为的“可以没有特朗普，但不能没有美国”。这话可谓点到了欧洲人当前的痛处和困境：对特朗普无比的不满，但对美国又无比的依赖。所以，欧洲人的立场是：把特朗普和美国分开，反特朗普，但不反美。

因此，当特朗普将欧洲形容为“敌人”时，欧洲领导人想的不是如何回击特朗普出言不逊，而是纷纷“忙着”强调欧美关系的“牢不可破”，把特朗普和美国“区分开”。比如欧洲理事会主席图斯克就说，美国和欧盟是最好的朋友，“谁说我们是敌人就是散布假新闻”。

为什么欧洲对美国会如此“一往情深”？因为世界在变，欧洲也在变。21世纪的第一个十年在某种意义上来说是一个“欧洲时代”，欧元横空出世，成为可以与美元一争高下的全球第二大储备货币，欧盟实现了梦寐以求的东扩，成功地从15国扩大到27国，欧盟人口增加到近5亿，欧洲统一大市场的规模不仅极大地得到了扩展，而且欧盟核心国家的地缘政治地位大为改善。

彼时，无论是欧洲的政治精英还是学术精英，最热衷谈论的话题是"欧盟是一支什么样的力量"，强调欧盟以自身经济力量、国际多边主义和人道主义精神为代表的软实力与美国以军事实力、霸权支撑下的单边主义为代表的硬实力的不同，强调欧盟是独立于美国的一支战略力量。欧盟踌躇满志地试图用软实力来重新构造世界秩序。

然而，2009年的欧债危机以及随后的乌克兰危机无异于给了欧洲的精英们一记闷棍，他们意识到欧洲在变化的世界中是如此脆弱，意识到新兴经济体具有如此强大的竞争力，意识到欧洲原来并不是一支独立的力量。于是，欧洲重新把目光投向了大西洋，投向了"大西方"，试图通过加强跨大西洋联盟来保护自身免遭外部世界的风险，巩固其在全球政治经济格局中的既有地位。

但是，面对特朗普对欧洲的"冷漠"与"敌视"，欧洲人应该怎么办？德国外长马斯呼吁欧盟更加紧密地团结起来。他说，为了保持与美国的伙伴关系，必须重新加以调整，而这只能依靠一个"自信而独立的欧洲"。

德国人的逻辑是，要赢得特朗普的尊重与合作，欧洲必须先自身团结和强大起来。但要达成此目标，当前欧洲的财政一体化和防务一体化必须取得实质性的进展和突破，而这又要求德国作为目前欧盟内最强大的国家，投入更多的资源，让渡部分的主权。

德国人为此做好准备了吗？如果没有，那么马斯的话充其量也就是发发牢骚罢了。

（本文发表于2018年7月20日）

默克尔时代落幕

10月29日，德国总理默克尔在基民盟会议上表示，第四个总理任期将是她的最后一个。此外，根据德国媒体的报道，默克尔还承诺，在今年12月的基民盟党代会上，她将不再竞选党主席，但继续留任总理，直到2021年任期结束。

已担任德国总理13年的默克尔，在过去18年中一直将基民盟主席一职牢牢掌控在自己手中，此次失去执政党主席一职，即便继续担任总理，默克尔的权力和权威无疑也会大大削弱。

默克尔被迫提前“放权”，其直接原因是在10月28日的黑森州议会选举中，默克尔领导的基民盟得票率仅为27%，比上届选举下跌11.3个百分点，可谓惨败。

黑森是德国金融中心法兰克福所在的联邦州，是德国经济、金融重镇，也是基民盟的大本营，基民盟在该州连续执政已经近20年。所以，此次选举被普遍视为对默克尔的一次信任投票。显然，默克尔没有通过这次“民意测试”。

西方选举政治的残酷之处正在于此：甚至还来不及仔细体会，就已经从权力之巅瞬间跌至谷底。默克尔自己可能都想不明白怎么会到如此境地，因为就在不久之前，她还像《权力的游戏》中的的龙母丹妮莉丝一样，收获了满满一打令人炫目的头衔——“风雨中的一座灯塔”“西方衣钵的继承人”“欧洲最后一位还站着的领导人”“自由西方的最后一位守护者”。

那么，这样的急速反转又是怎么发生的呢？客观地说，默克尔在总理的这个位置上干得还是不错的，能力有目共睹。正是在她的任期内，德国走出了欧债危机，成为欧洲经济的火车头，失业率降至1990年德国统一以来的新低。德国的国际地位也大幅提高，正如英国《金融时报》首席评论员马丁·沃尔夫说的那样：无论你喜欢与否，德国现在是欧洲的核心强国。实际上，德国已经悄然“挤掉”了法国，成为欧盟事实上的“盟主”。

即便是在充满争议的难民问题上，也很难把责任归到默克尔一人头上。试想一下，如果当年默克尔坚持把难民挡在门外，她的政治生命可能结束得更早，因为“人民”不答应。德国特殊的历史和政治心理造就了德国社会对难民的“欢迎文化”，默克尔的难民政策不过是面对民意汹涌的顺势而为。

默克尔的“高空坠落”可能不像很多政治观察家所分析的那样，有多么深刻和复杂的原因，其实就是“均值回归”。英国维多利亚时期的科学家高尔顿发现，如果父亲非常高，孩子往往就比父亲矮；如果父亲非常矮，孩子往往就比父亲高。似乎存在着某种神秘力量，让人类的身高远离极端，而是朝着所有人的平均值靠拢。这被称作“均值回归”。

“均值回归”现象不仅适用于人类身高，并且非常广泛地出现在工程、医学、经济、政治等社会生活的方方面面。就默克尔而言，问题不在于执政联盟内部的分歧和内耗，而是默克尔在收获了巨大的权力和声誉之后，反而过于偏执地固守德国的利益，对欧洲的未来缺乏想象力。

没有欧洲的稳定与繁荣，德国不可能有前途。所以，默克尔在她固执的道路上走得越远，她受到“回拉”的力量也就越大。默克尔要想延续她的政治生命，就必须要向“均值”回归。

（本文发表于2018年10月30日）

资本如何预测英国脱欧的大结局

最近，在英国首相特雷莎·梅的脱欧协议被议会高票否决之后，1月16日晚间，针对梅首相的不信任动议投票结果出炉，她以325票比306票险胜，得以保住首相之位。

对那些急切想知道英国脱欧结局的观察家而言，这个结果在相当程度上是非常令人“蒙圈”的：一方面无比讨厌梅的脱欧方案，另一方面又非让梅继续领导脱欧。

这到底是要多么地“憎恨”一个人，才要将其置于这样一种“扭曲”的境地啊！英国人的这种“分裂”确实让人难以理解。

但英国脱欧确实是牵动当前全球政治经济走向的“大事件”。在世界经济增长动能减弱的背景下，国际社会普遍希望英国脱欧能够顺利进行，而不要成为引爆危机的导火索。所以，各方都对英国脱欧的结局保持高度关注。

那么，如何才能猜对这个“大结局”呢？国际资本的流向为我们提供了一个有价值的观察视角。

资本最为无情，但也最为诚实，可以说是信心的试金石。资本趋利避害、嫌贫爱富的本性使得它在人类历史的发展长河中，往往不经意地扮演着预言家的角色。

1803—1815年拿破仑战争期间，英国国债的平均利率为3.7%，而法国信用最好的债务利率也达到了6.1%。也就是说，更多的资本是流向英国的，资本市场并不相信拿破仑的军事天才最终能够帮助法国打败英国，所以要求法国支付更高的利息。资本站在了英国一方，也最终站在了获胜者一方。

美国在南北战争期间，北方联盟与南方联盟分别以自己的货币在1861年发行国债，希望吸引欧洲的资本，来为自己的战备融资。如果将双方国债的利率用黄金来表示的话，南方联盟的国债利率比林肯领导的北方联盟要高很多，到了1862年就超过10%，1863年超过100%，1864年更是达到218%。而北方联盟的国债利率直到1863年5月都在9%以下，在1864年才超过10%，到了1865年4月又下降到10%以下。所以，资本从一开始就更加青睐北方联盟，不相信南方联盟能获胜。

德国在“二战”爆发前曾在伦敦发行以英镑计价的国债，在全球资本市场以较低的利率融资，但1939年9月1日德国进攻波兰后，德国国债的价格迅速跌至面值的3%—5%，如同废纸一张。虽然希特勒德国看上去咄咄逼人，但资本从一开始就不相信德国能赢到最后。

所以，资本作为“预言家”，在历史“大事件”的预测中，表现是可圈可点的。资本的预测逻辑仍然可以运用到今天对脱欧结局的分析中。

从利润最大化的角度出发，资本显然喜欢“留欧”或者“软脱欧”。在1月15日脱欧协议表决前，资本市场显然对协议的通过持悲观态度，英镑兑美元汇率跌破1.28美元。表决结果公布后，英镑兑美元汇率继续下挫，最低触及1.2668美元，但之后转涨，最高报1.2916美元。在16日梅赢得信任投票后，英镑保持稳定，基本持平于1.2872美元。

在国际社会对脱欧前景普遍感到悲观之时，资本市场反而“情绪稳定”，英镑走出的行情出乎意料的“稳”，换句话说，资本市场对后续的脱欧进程有信心。但这个信心来自哪里呢?

其实英国议会这两次投票结果所透露出的信息，已经充分暴露了英国人的底牌——虽然梅的脱欧协议不受欢迎，但英国也不愿意接受无协议脱欧，并且还要让内心其实是坚定“留欧派”的梅继续担任首相，领导脱欧进程。那么剩下的路就只有一条：可以修改梅的协议，但还是要遵循梅的“软脱欧”原则。

正是看到了“软脱欧”的前景仍可期，资本市场才出乎意料地没有大幅波动。资本这次能猜对脱欧的“大结局”吗?

按照议会1月10日通过的修正案，英国政府将在本月21日向其提出备选计划（B计划）。议会则会在本月29日表决。特雷莎·梅的B计划会得到议会的支持吗？可以接着往下看。

（本文发表于2019年1月21日）

什么是“为欧洲而战”的正确“姿势”

1月25日，包括作家、哲学家以及诺贝尔文学奖获得者在内的30名西方知识分子，在媒体上发表了一份名为《为欧洲而战》的宣言，声称“欧盟”作为一种价值理念“正在我们眼前分崩离析”。

他们的担忧是对的。按照欧盟官方文件的说法，欧盟正处于“前所未有的危机中”，连欧盟存在本身都“备受质疑”。

“二战”后，欧洲国家选择了联合之路，从最初的煤钢联营到今天的欧洲联盟，已经走过近70年，这也是欧洲历史上最为和平与繁荣的时期。公平地说，欧盟功不可没。

那为什么欧盟还会遭遇“生存危机”呢？其实，恰恰是欧盟的成功孕育了它的失败。

经济一体化是欧洲一体化的起点，也是核心内容。当年推动欧洲联合的政治精英们认为，欧洲国家间经济融合的逻辑会不可避免地扩展到政治、社会领域，最终让“欧洲合众国”成为现实。所以，欧洲领导人不遗余力地推动欧洲单一市场的建立，实现商品、服务、资本和劳动力的自由流动，也就是所谓的欧盟“四大自由”，这也成了欧盟的基石。

“四大自由”使得欧洲的制度天平发生了倾斜，相比社会公平，经济效率获得了越来越多的权重。其结果就是贫富差距拉大，阶层固化日益明显，加上移民涌入造成的社会、文化问题，这一切就为民粹主义者向失望民众兜售愤怒开启了大门，民粹主义在西方各国逐渐兴起。

作为一种社会思潮和一股政治力量，民粹主义最为本质的内涵是“人民与精英之间的冲突”，即反对既有体制、反对当权精英、反对主流政治，核心是以对抗政治来代替妥协政治，以“民意至上”来压倒“政治多元”。民粹主义认为既有的体制没有资格继续代表在财富、资源和机会的分配中备受忽略的“人民”。

民粹主义的兴起再次证明效率优先的经济逻辑与西方民主政治是很难兼容的，它会最终侵蚀以权利平等为基础的民主政治。这就是为什么这份30位西方知识分子联名的宣言对民粹势力高度警惕，并且充满焦虑和不安的警告——一个自20世纪30年代以来最大的危机已经出现了。

那么，如何才能从民粹势力手中拯救欧盟呢？答案就是，要重新校准经济效率与社会公平之间的均衡点，不过这一次，均衡点需要更加偏向社会公平。

最近，德国贝塔斯曼基金会与柏林社会科学研究中心共同发布了关于民粹主义的研究报告，认为传统政党如果想赢回被民粹主义党派拉走的选民，让中间选民保持忠诚，最有效的途径就是聚焦社会公平议题，例如税收再分配和住房问题，大笔投资社会福利和住房建设的政策将给任何一个党派额外带来15%的支持率。

报告的结论是，在一个文化和社会结构日益分化的社会，福利和公平是争取民众支持最有力的议题，如果传统政党不主动关注，民粹主义者肯定会抓住这些议题。

今天欧盟遭遇的危机，根源在于一体化进程中劳动与资本、市场与民主之间的内在张力无法取得平衡，最终导致经济社会秩序的动荡甚至是崩溃。而走出危机的根本途径也在于重新实现经济社会制度的“再平衡”。

正如研究不平等问题的重量级学者阿特金森所说，不能觉得只要能为人生这场赛跑打造出公平竞争的赛场，那么我们就不应该再追究其结果，完全忽视发令枪之后的事情是不可接受的。这才是真正“为欧洲而战”的正确“姿势”。

（本文发表于2019年1月27日）

虚假的争吵

2月7日，法国宣布召回其驻意大利大使，以抗议意大利副总理，被称为极右翼政党的五星运动党领导人迪马约别有意味的举动——之前在巴黎会见了“黄背心”运动的相关人士。

这是“二战”后法国首次召回驻意大利外交使节，标志着法意关系跌至低谷。法意交恶可以说是“积怨已久”，自五星运动党在意大利执政后，两国一直在难民、欧洲一体化等议题上龃龉不断。

五星运动以“反欧盟”“反移民”起家，可以说与雄心勃勃要“重建欧洲”、推动欧洲一体化的法国总统马克龙“天生相克”，双方的“交火”在意大利五星运动党上台之时就开始了。

2018年6月，意大利政府拒绝接受一艘搭载着629名利比亚难民的救援船，当时法国总统马克龙就谴责意大利政府是“犬儒主义，不负责任”，但意大利总理孔特则反驳称“不会接受法国伪善的教训”。

马克龙有意将自己塑造成欧洲一体化的维护者和推动者，是欧洲自由民主价值观的捍卫者。在欧洲民粹主义情绪上升的背景下，迪马约和他的执政联盟伙伴、反移民的“联盟党”领导人萨尔维尼越是猛烈地抨击马克龙，越是帮助马克龙强化了自身执政地位的“政治正确”，帮助其得到更多的选民支持。

法国与当前的意大利政府在执政理念上有非常大的差异。除了同为意大利副总理的萨尔维尼一直攻击马克龙鼓励非洲非法移民涌入欧洲，迪马约之前还曾指责法国在意大利与欧盟关于财政预算的争论中，打压意大利的经济自主权，为意大利经济复苏制造障碍。

出于对“街头政治”本能的支持，在法国爆发“黄背心”运动后，迪马约和萨尔维尼就公开表示支持，呼吁“黄背心们”“不要妥协，不要放弃”。迪马约在推特上还“煽风点火”地称，“黄背心”运动意味着“变革的风已经越过了阿尔卑斯山”。当时法国还表现出了相当的“大度”，法国外交部只是呼吁意大利“管好自家的事”，马克龙则更为不屑地表示萨尔维尼和迪马约有关“黄背心”的表态“无足轻重”。但随着“黄背心”运动的发展在法国趋向恶化，严重影响了法国国内的社会和政治稳定，特别是“黄背心”运动的领导人还想参加欧洲议会的选举，进而试图影响欧洲一体化的方向和进程，迪马约会见“黄背心”运动相关人士的举动，就变得让法国难以容忍。用法国外交部的声明来说就是，“这一挑衅行为让法国作为意大利的邻居和欧盟伙伴国无法接受”。

迪马约的行为指向明显，而同为欧盟内部紧密合作伙伴的法国反击力度不轻。如今，意大利显然意识到了问题的严重性，正在寻求弥补。萨尔维尼已经表示“意大利不寻求和法国或者任何人发生冲突”，迪马约则先是“忆当年”，回顾了法意的民间情谊，然后解释称意大利方面会见“黄背心”运动领导人“不仅不是挑衅，而且有利于双方政党交流”。

法意这次看上去很“严重”的外交事件，无非也是双方大闹一场。然后呢？大概率是没有然后了。毕竟，两国都明白，最大的“大局”还是共同应对欧洲的挑战。

（本文发表于2019年2月8日）

英国会走向“无协议脱欧”吗？

自今年7月鲍里斯·约翰逊取代特雷莎·梅成为英国首相后，英国走向“无协议脱欧”的预期大为提高。约翰逊是“脱欧派”领袖，主张英国必须尽快完成“脱欧”，即使这样做的代价是“无协议脱欧”。“无协议脱欧”无论对英国还是欧盟都影响巨大，这一过程所蕴含的不确定性和风险会造成国际资本市场的动荡，进而对处于艰难增长中的全球经济形成新一轮的负面冲击，甚至还会引发地缘政治危机。正因如此，国际社会普遍关注，英国是否会真的走向“无协议脱欧”。

何谓“无协议脱欧”

“无协议脱欧”，也被称为“硬脱欧”，是指英国在未与欧盟达成任何协议的情况下，单方面脱离欧盟，放弃作为欧盟成员国的各项权利，同时也解除作为成员国的所有义务。这意味着2019年10月31日午夜一过，英国便自动退出欧洲单一市场和关税区，英国不再享受欧盟内部市场的四大自由（资本、劳动力、商品、服务自由流动），英国与欧盟国家间的经贸往来将按照世界贸易组织规则来进行：英国和欧盟国家之间在重签贸易协定之前将恢复关税；英国和欧盟国家之间的海陆空边境将重新设置物理性的边境管控（海关、出入境监管等）；英国出口的商品和服务在获取市场准入前无法进入欧盟单一市场。

对于以英国前首相特雷莎·梅为代表的“软脱欧派”而言，“无协议脱欧”不符合英国的根本利益，他们认为，所谓的脱欧之后可以在“全球英国”的广阔天地下大有作为，即便不是痴人说梦的政治幻觉，也是一种“远水不解近渴”的政治幼稚。因为欧盟是一个拥有5亿人口的大市场，也是全球最具深度和广度、最为成熟的大市场之一，以放弃欧盟大市场为代价，去追求虚无缥缈的“全球英国”，才是最大的错误。何况在一个大国竞争的时代，连美国都感到力不从心，英国更不可能成为全球舞台上真正有力量的“孤胆英雄”，英国必须是欧洲的一部分，才会有力量，才能有前途。

无协议的“硬脱欧”代价很大，所以在之前梅政府的脱欧法案中，设置了一个脱欧过渡阶段，以便于英国和欧盟有充分的时间在脱欧手续完成后重新设定双方的关系框架。在过渡期，英国将继续留在欧盟内部市场和关税同盟内，直到2020年12月31日。英国若在2020年7月1日之前提出要求，过渡期可以延长一次。如果过渡期延长，那么英国必须继续承认欧盟法律的管辖权，并有义务继续支付欧盟会员费，但在欧盟事务中没有投票权。英国在此期间可以与非欧盟国家签署欧盟管辖权内的政府间协议，比如投资与贸易协议，但这些协议缔结只能在过渡期结束后才能生效。为了避免北爱尔兰和爱尔兰之间设立物理性的“硬边界”，梅政府的脱欧法案拟定了一个后备条款：可以延长脱欧过渡期或者让整个英国永久留在欧盟的关税联盟中。

很显然，梅政府的脱欧计划与脱欧强硬派“重新夺回主权”的设想大相径庭，脱欧派指责梅政府的计划让英国与欧盟的关系不会有根本性的变化，本质上是“维持现状”。即便是在“软脱欧派”看来，梅的方案也是对欧盟让步太大，把英国实质上留在欧盟的同时，还丧失了英国原本在欧盟事务上的话语权，是一个披着“脱欧外衣”的“假脱欧”。正是这种两面不讨好的做法，导致了梅政府的垮台，而以约翰逊为代表的脱欧强硬派才顺势崛起。在约翰逊成为首相之后，“无协议脱欧”成为英国政府正式的政策选项。

“无协议脱欧”对英国的负面影响

首先受到“无协议脱欧”冲击的是英国的金融业。美国银行此前已经宣布将美国银行的欧洲业务中心从英国伦敦迁到爱尔兰的都柏林，巴克莱银行和摩根大通选择了都柏林，摩根士丹利、德意志银行、高盛、花旗和日本的野村银行则选择了法兰克福。这些金融机构“逃离”伦敦是有现实需求的。在伦敦的金融机构如果在英国脱欧后想继续向欧盟27个成员国境内的客户销售金融产品和提供金融服务，需要重新申请欧盟金融经营许可证，整个程序最长需要等待18个月。这对于奉行“时间就是金钱”的金融业而言，成本是巨大的。何况，这些在伦敦的金融机构的大量业务与欧元有关，它们离不开欧盟大市场。此外，英国44%的出口市场是欧盟国家，还有18%的出口市场是与欧盟签有自由贸易协定的国家。脱欧之后，英国的对外贸易是否还能维持在目前的水平上，是一个巨大的问号。而金融业务与对外贸易又是息息相关，金融业为英国每年贡献2160亿欧元的税收，占英国经济总量的12%，伦敦国际金融中心的地位在脱欧的阴影下显然已经变得不那么牢靠了。

硬脱欧的预期对英国实体经济造成严重冲击。根据英国广播公司的报道，为了不失去对欧盟市场的准入资格，从2019年3月份开始，数百家公司已经或准备迁离英国。日本电子行业的龙头公司索尼将欧洲总部登记地从英国改为荷兰；以生产吸尘器闻名的英国家电制造商戴森公司将总部从英国迁至新加坡；有180多年历史的英国老牌企业铁行轮船公司把旗下的英吉利海峡全数6艘渡轮改变注册地。脱欧也严重打击了作为英国传统支柱产业的汽车制造业。宝马公司称将被迫把在英国的生产线转移到荷兰；捷豹路虎宣布裁员4500名，4月暂时停产；福特公司公布8亿美元的亏损预警，关闭了英国发动机工厂；本田则关闭了在斯文顿的工厂。其他行业也有不少企业已经或准备搬迁，荷兰外国投资局8月26日的数据显示，从英国搬到荷兰的公司将近100家，正考虑迁往荷兰的还有325家。

硬脱欧的预期还造成了劳动力市场的萎缩和市场信心的下降。英国2019年7月通过招聘机构聘请的正式员工薪资增长幅度为2017年4月以来的最低，英国招聘与就业联合会与毕马威发布的月度报告显示，英国企业连续第五个月减少新正式员工的数量。莱斯银行衡量企业信心的一项指标从7月的13%滑落至1%，为2011年12月以来的最低水平。市场研究公司GFK的调查显示，8月英国消费者的信心指标创2013年以来的新低。

“无协议脱欧”不是英国的政治主流

约翰逊自担任英国首相以来，一直把“无协议脱欧”作为威慑手段，对内打击议会内的反对派，对外谋求欧盟让步。但从目前的效果看，这一战术并未取得成功。约翰逊称他与欧盟就修订前首相特雷莎·梅达成的脱欧协议的协商正在取得进展，但欧盟负责脱欧谈判的首席代表巴尼尔立刻反驳说伦敦方面没有提出任何新的可行方案。德国驻欧盟大使甚至表示，欧盟和英国在布鲁塞尔举行的最新一轮谈判是浪费时间。在英国国内，约翰逊从9月3日起便遭遇了“三连败”：9月3日，保守党20多名议员“倒戈”，支持从约翰逊手中夺取议会议程控制权的提案；4日，英国议会下议院通过了阻止无协议脱欧的法案；同日，约翰逊又因未能获得650个下议院席位中的2/3支持，无法提前举行大选。这都说明，“无协议脱欧”的主张至少在目前还不是英国政治的主流。

随着英国国内关于“脱欧”议题的深入讨论，英国民众越来越认识到“脱欧”对自身生活的真实影响。比如，在欧盟内部跨境旅行、学习、工作等便利条件可能消失；英镑贬值带来的自身财富的缩水；许多企业搬离英国所造成的就业机会的减少，等等。再加上欧盟尤其是德、法等国就英国“脱欧”的强硬表态，要让英国“付出代价”，这就让民众加剧对“无协议脱欧”方案的担忧。甚至有评论尖酸地挖苦说，英国的脱欧谈判，不过是在盘算用多少钱来支付英国以前本就享有的权力和利益。

脱欧问题引发的震动，让国际舆论和众多观察家们更多地聚焦在英国与欧盟之间的历史恩怨和现实的紧张关系上。约翰逊上台后，双方最近围绕脱欧条件的重新谈判，也经常是彼此间“恶言相向”，都摆出一副“恩断义绝”的姿态。结果，就像所有失败的“婚姻”一样，国际社会在英国与欧盟的脱欧谈判中观察到的，是双方在最终阶段“吃相难看”的“相互了断”，而忘记了英国和欧盟之前在“婚姻”中的一切美好。

英国自1960年代开始，就对欧盟的前身欧共体展开热烈的“追求”，虽然被两度拒绝，但最终于1973年正式加入。英国的加入其实对欧洲一体化作用重大，欧元的前身——欧洲货币体系——就是英国与德法在1970年代紧密合作的成果；欧洲单一市场建设中“四大自由”原则的确立——实现劳动力、商品、服务和资本的自由流动——也与英国的努力密不可分；英国的军事力量，也是当前欧盟加强防务建设不可或缺的因素。同样，英国也非常依赖欧盟的大市场。

真正支撑婚姻的不是天真的浪漫，而是众多生活的细节。英国与欧盟之间无论是历史上还是现实中，都彼此建立了无数的“细节”，不是一句简单的“分手”就可以“一别两宽，各自欢喜”。老鹰乐队的名曲《加州旅馆》中有一句歌词：你可以随时结账，但却永远无法离开。这正是英国在当今脱欧谈判中的真实写照。

（本文发表于2019年9月13日）

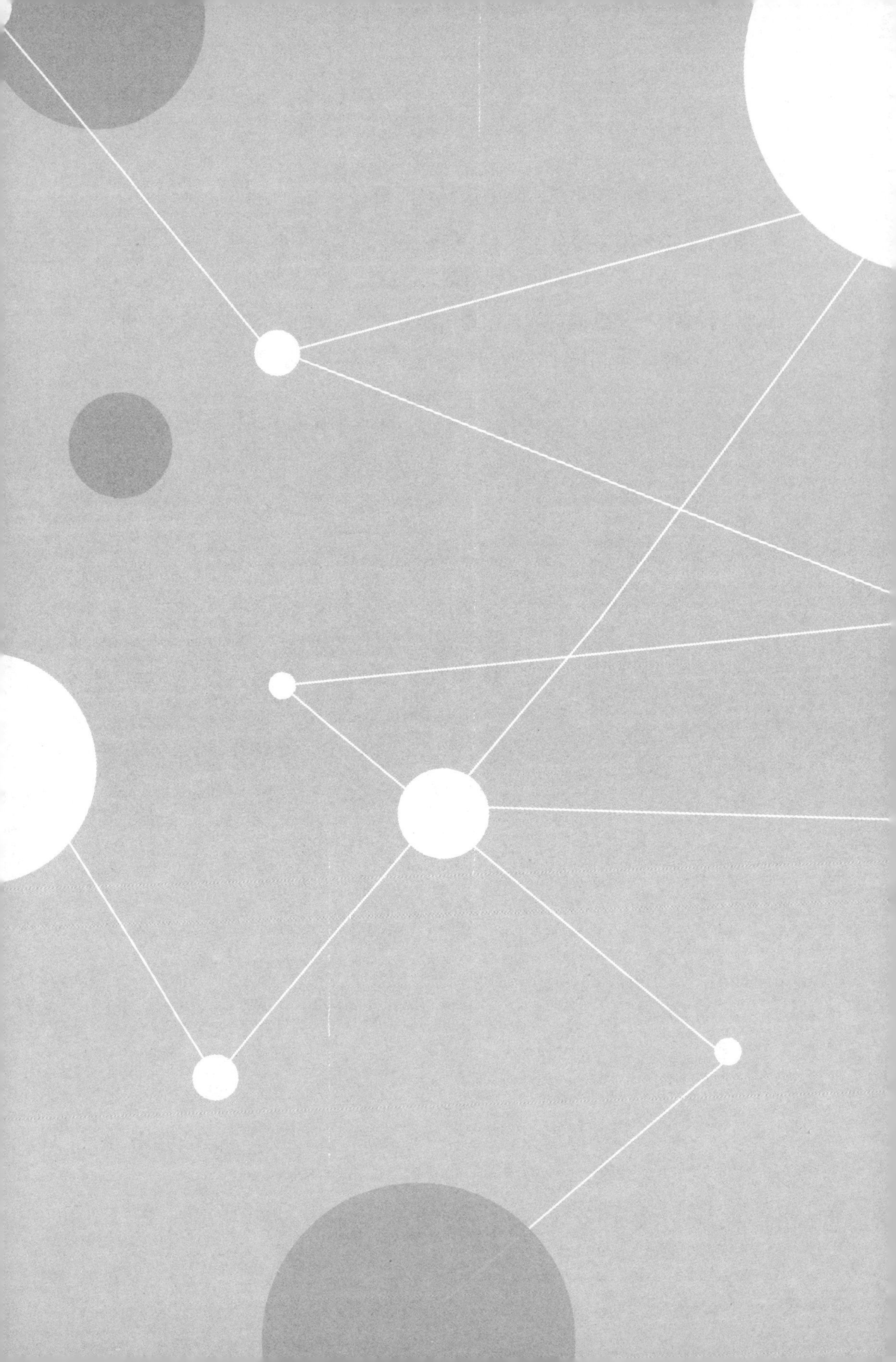

欧洲之于世界

EUROPE
TO
WORLD

欧洲之于世界

假如可以不劳而获

新年伊始，芬兰正式开始了一项“无条件基本收入”社会实验：从领取失业保险和收入补贴的群体中随机选取2000人，每人每月从政府领取560欧元（约4000元人民币）。实验为期两年，旨在改善低收入者的生活状况。如果实验成功，那么这一项目可能会扩展到全部芬兰公民。

这一政策主张乍一听像是天方夜谭，冲击了“天下没有免费的午餐”等既有观念，甚至被认为是荒唐可笑的。所以，去年6月5日瑞士就是否引入“无条件基本收入”制度进行公投，该制度倡议者要求每个成年人每月获得由国家无条件发放的2500瑞士法郎，儿童得到625瑞士法郎。这则消息更多地被当成一则笑话甚至是娱乐新闻来看待。

实际上，“无条件基本收入”是一项严肃的政策主张，其背后的理念与我们每一个人息息相关——更加公平的社会和个人更多基于自身真实意愿的自由选择。市场经济是人类迄今为止找到的最有利于创造财富的社会制度，但市场经济的悖论在于能够产生效率，却无法自动实现公平。

在全球引起巨大反响的《21世纪资本论》一书中，皮凯蒂用欧美国家300多年的历史数据对此做出了有力的证明。仅仅依靠市场中的公平竞争并不能带来一个公平的社会，因为在进入市场经济这个竞技场之前，我们每个人初始禀赋的差异对之后我们在市场中的表现至关重要。个人的收入分配绝不仅仅是按照个人的自由选择和努力来分配的，诸如运气、家庭出身等非市场的因素，甚至起更大的作用。

芝加哥大学经济学系是世界上自由市场理论最强有力的倡导者和辩护者，其元老级人物——弗兰克·奈特教授有一句广为人知的名言："一个人是穷人还是富人，主要取决于出身、运气和努力，但这其中最不重要的因素就是努力。"奈特的论断当然比较极端，但他想强调的是，"出身"和"运气"这两类偶然性和随机性的因素会对个人收入产生巨大的影响。我们恐怕都不能否认，"出身"所代表的由家庭背景决定的外形特征、财富传承、教育培训、社会关系等"天生"的初始禀赋，是决定个人努力最终能否在市场上取得良好收入的重要力量。而"运气"所代表的就是市场上无处不在的不确定性。

我们不能说"命运"或"运气"本身是不公平的，但由此所导致的财富分配结果与积累方式的制度化和代际间传承的固化，却是不公平的。公正的制度要能够缓和"出身"与"运气"这类偶然性因素对个人在社会结构中的地位的影响。"无条件基本收入"的核心理念就是要通过这笔无条件的现金收入，试图去缩小每个人初始禀赋的差异，尽可能地缓解"坏运气"对个人自由选择和能力发挥的束缚。芬兰的社会实验直面"不平等"这一时代难题，虽然离真正的"无条件基本收入"还很遥远，只是一小步，但勇气可嘉。

（本文发表于2017年1月10日）

民粹的限度

3月15日，荷兰大选初步计票结果显示，现任首相吕特领导的自由民主人民党获得了最多数的选票，预计获得150个议会席位中的31个，而有着“荷兰版特朗普”之称的维尔德斯所领导的极右翼自由党预计获得19个，由于没有获得足够票数，将无缘组阁。维尔德斯主张脱欧、反移民和驱逐穆斯林，这一选举结果让欧洲的主流精英们长舒了一口气。

因为法国和德国也将在不久之后迎来大选，所以荷兰这次选举备受瞩目，而且被赋予了特殊的意义——面对在英国脱欧和特朗普当选的刺激下风起云涌的极右民粹主义浪潮，作为欧盟的创始成员国，荷兰大选被视为民意风向标，是对欧洲传统价值观和政治体制的一次压力测试。

在大选之前，舆论普遍的预测是维尔德斯的自由党有相当的民意支持率来挑战执政党，但初步的计票结果却是主流政党大获全胜，“极右”距离挑战“主流”还有相当长的一段路程。显然，舆论高估了欧洲“极右民粹”的实力，简单地把特朗普上台所代表的美国极右民粹势力同欧洲极右民粹势力画上了等号，其实两者产生的制度土壤是完全不同的。

不平等的加剧，是西方国家近年来极右民粹思潮汹涌澎湃的共同根源，但西方国家内部也并非整齐划一的铁板一块，欧洲大陆的社会市场体制就与英美的自由市场经济体制差异很大，这使得从两者内部孕育出的极右民粹势力在影响力和表现方式上有很大不同。

简单地概括，英美的自由市场经济体制背后的原则是“效率优先，兼顾公平”，而欧洲大陆的社会市场经济体制则是“公平优先，兼顾效率”。威廉·伯恩斯坦在其《繁荣的背后：解读现代世界的经济大增长》一书里对个中差异有过精辟的论述：每个明智的社会都必须在经济增长与社会均衡之间寻求某种权衡，但是，美国似乎在探索这一范围的“右边界”，从鼓励经济最佳增长的角度出发，探索收入和财富不均等的可容忍程度。其他发达国家似乎徘徊在这一范围的“左边界”，以鼓励最佳公平程度和幸福程度的名义，探寻可以在多大程度上牺牲经济增长。

虽然20世纪80年代以来，欧洲也深受英美新自由主义经济理念的影响，实施了倾向市场自由化和解除资本管制的改革措施，但是节制资本力量的社会伙伴制度、强化再分配的税收制度以及保护市场竞争中弱势群体的社会福利制度，仍然运转良好。所以，不奇怪，英国和美国是西方发达国家中不平等程度最为严重的两个国家，而“英国脱欧”和“特朗普当选”这两只黑天鹅恰恰从这两个国家飞出。

极右民粹势力的崛起也让西方国家的精英们重新去反思市场与民主的关系，认识到两者不是天生的同胞兄弟，会本能地相互支持和照顾；相反，它们会相互伤害。如果政府力量能够驯服市场，那么它会促进民主，但若不加以约束，它也很容易就能颠覆甚至毁灭民主。这一“新共识”在西方世界正获得越来越多的支持。

比如，向来以推广自由市场理念为己任的国际货币基金组织（IMF）也开始改变论调，不再把平等和效率看成此消彼长的对立面，而是主张政府加大对不平等的干预力度。IMF在最近发布的政策报告中认为，社会越不平等，经济增长越慢、越脆弱。因此，寄希望于用加快增长来自然地消除不平等，是一种错误的想法，并且没有多少证据表明实施适度再分配的税制对增长有不利影响。

中等水平的再分配与更高、更持续的增长紧密相连。即使是较高水平的再分配——以促进平等为目标——也没有给增长带来明显的代价。由此，IMF的政策结论是：适度提高税制的再分配力度对增长的直接影响不大，并且从长期来看，它将增加收入分配的平等性，反过来能够促进经济增长。而这恰恰是欧洲社会市场经济体制的理念所在，也构成了欧洲抵御极右民粹势力的第一道防线。

（本文发表于2017年3月17日）

罗马的遗产

3月25日，欧盟各机构及成员国领导人齐聚意大利首都罗马，庆祝欧盟成立60周年。60年前，法国、德国、意大利、荷兰、比利时和卢森堡6国在罗马签署《欧洲经济共同体条约》和《欧洲原子能共同体条约》，合称《罗马条约》，欧盟的前身欧共体由此诞生。

在罗马特有的浪漫加上“纪念日”自带的温情映衬下，这本应是个充满着“诗和远方”的高雅“生日派对”。可当前欧洲领导人却正被“眼前的苟且”——英国脱欧，极右民粹的崛起，恐怖主义，还有频频发作的欧债危机和乌克兰危机的后遗症——折磨得身心俱疲。

这让很多疑欧论者“欢心鼓舞”：离欧盟解体的日子不远了，这场外表华丽的“盛大宴会”不过是对“最后的晚餐”的粉饰。英国《经济学人》杂志也忧心忡忡地为欧盟60周年刊发了特别报道，封面文章题目就是“如何拯救欧洲”。

吕克·贝松执导的影片《第五元素》中有这样一个情节，肩负拯救地球重任的外星人丽露在快速浏览完人类历史之后，痛苦地对男主角发问：“既然你们人类一直以来都在彼此伤害、相互毁灭，那我还拯救你们干吗？”

欧洲的历史就是一部典型的“相互毁灭”的历史，战火不断，相爱相杀。如果欧盟在2017年真的分崩离析，那么后世的历史学家一定会万分惊讶：欧洲延绵不绝的战争之间，竟然存在60年的和平。和平，是欧盟诞生并且继续存在下去的最大理由。

然而，这个理由正遭到前所未有的挑战。近年来，以“反欧盟”“反欧元”为旗帜的极右民粹势力在欧洲国家异军突起，在大小选举中攻城略地，应者云集，大有将主流政党取而代之的气势。各类民调也都显示，民众对欧盟的满意度是“没有最低，只有更低”。

这是否意味着，已经导致“民怨沸腾”的欧盟差不多“气数已尽”，终将被欧洲人民抛弃？答案可能没这么简单。

平心而论，欧盟不仅让欧洲人享受到了前所未有的和平与繁荣，即使在当前令人诟病的难民问题上，欧洲融入政策的潜力仍不可小觑。根据欧盟统计局2016年10月公布的数据，截至2014年，25—54岁出生在欧盟国家和非欧盟国家的第二代移民中，具有高等教育背景的分别占38.5%和36.2%，就业率分别为81.1%和74%，这一水平与本土居民相比差距不大。

疑欧论的出现没想象的那么可怕，反而可能成为一股积极力量。战后欧洲经济社会的发展，让民众受益的同时也将其胃口越吊越高。民众衡量政治好坏的标志永远不是看做对了什么，而是看做错了多少。恰恰是民众对欧盟的不信任，迫使欧盟低下高高在上的精英姿态。

欧洲人在历史上最早创建了“国家主权”原则，而欧洲煤钢联营的成立及1957年《罗马条约》的签署，则是欧洲人对自己的“革命”和“颠覆”，打破主权的分割，试图探索出一条不同以往的和平与繁荣之路。

但欧盟并非“包治百病”的仙丹，它仅仅是一套“漏洞百出”、需要随时“打补丁”的操作系统，需要不断向现实低头，需要来回在各国利益间平衡，需要在相互冲突的政策目标和价值观念之间取舍拿捏。

所以，欧盟与其说是欧洲人超越历史灾难的一次重大胜利，不如说它是一次巨大妥协。罗马的遗产，其精髓也在于此。如果2017年欧盟解体了，后世的历史学家一定还会说，它能存在60年，这本身就是一个奇迹。

（本文发表于2017年3月25日）

拒绝理想

3月28日，英国首相特雷莎·梅正式签署脱欧信函。3月29日，英国驻欧盟大使蒂姆·巴罗将信函递交欧洲理事会主席图斯克，以启动《欧洲联盟条约》第50条规定的退出条款。由此，为期两年的英国脱欧谈判正式拉开帷幕。

欧盟向来对自己的“超凡魅力”自信满满，脸上永远都是挑剔、拒绝别人的“傲娇”，对身后一字排开、众多希望加入的“追求者”要么“挑三拣四”，要么“颐指气使”，而英国则是欧盟成立60年来第一个要退出的国家。主动说分手，仅凭这一点，就能在欧盟历史上刻下深深的“英国印记”。

虽然对于英国脱欧的原因有种种的解释，比如说英国骨子里面的“疑欧气质”、对欧盟庞大官僚体系的不信任、对欧盟冗长决策机制的厌烦、对来自欧洲一体化的收益分配不满，或者说英国社会对欧盟内部人员自由流动可能带来的移民潮的恐惧，等等。但无论哪一条原因，似乎都不那么经得起推敲。

比如移民，其实英国内部的移民大部分是来自其他欧盟成员国，来自伊斯兰国家的是少数；英国受益于欧盟的人员自由流动原则，大量的英国人到其他欧盟国家就业、学习和生活；欧盟是英国产品最重要的销售市场；英国国际金融中心的地位也与欧元的出现以及欧盟国家债券市场的蓬勃发展密不可分。

如果客观、理性地计算成本——收益的话，无论如何，英国是不应该选择离开的。这就是为什么英国的精英阶层普遍地认为“脱欧”是一个“坏主意”——英国在脱离欧盟后会变得更穷而不是相反。

英国正在付出这样的代价：英镑贬值，大大降低英国人的国际购买力和财富水平。并且英国政府欲走“一刀两断”的“硬脱欧”路线，也向国际社会发出了一个英国走向封闭的信号，使英国对全球其他国家的吸引力下降。即便是普通民众，当突然发现，以前在欧盟内部习以为常的种种便利可能一去不复返，也会开始对当初的选择懊悔不已。

那为什么英国还是要“脱”呢？电影《了不起的盖茨比》里男主角盖茨比对美丽的黛西一往情深，将黛西作为他理想的化身，勇敢地开始一场追逐爱情理想的冒险之旅。但激情四射的理想迎来的却是残忍的结局。盖茨比把他的一切都献给了自己编织的爱情理想，却至死都没有发现黛西脸上嘲弄的微笑。

影片里盖茨比所展现出的对爱情理想的勇气令人敬佩和动容，但是可不可以假设，如果盖茨比不那么自信和确定，他害怕自己勇敢地放弃一切去热情拥抱理想之时，竟然发现里面苍白而空洞，因而对理想开始迟疑，他的结局会不会好一点呢？答案不可而知。在现实中，不确定性如影随形，走一步看一步，未必是坏的选择，拒绝理想与追求理想一样需要勇气。

欧盟在成立60周年之际发布的《欧洲未来白皮书》中，开宗明义地引用了《文托泰内宣言》（The Manifesto of Ventotene）中阿尔蒂诺·斯皮内利的话：民族国家从本质上讲是自我毁灭的，它们所孕育的民族主义，是一种病毒。欧盟的创建者们认为，民族国家是有寿命的，而欧盟是新生的制度。

毫无疑问，欧盟是一场人类历史上的制度创新。在过去的60年里，欧盟的创建者们超越了民族国家的主权限制，使得欧洲人享受到历史上前所未有的繁荣与和平，欧盟决定继续探索下去，追求欧洲统一的理想，这需要勇气。英国人选择了站在一旁，做一个伟大的“旁观者”，这同样需要勇气。历史会给出答案，谁的选择是对的。

（本文发表于2017年3月30日）

女性的力量

IMF（国际货币基金组织）编辑出版的最新一期《金融与发展》杂志，主题聚焦于“增长难题”，因为世纪之交全球所洋溢着的乐观主义情绪，已被当前对经济长期停滞的恐惧所取代。

增长的本质是政治。在2008年全球金融危机爆发9年后，欧美等发达经济体仍然深陷增长缓慢的困境，这恰恰是近年来民粹主义、民族主义以及贸易保护主义等思潮在西方的强势回归，并引发全球政治动荡的深层次根源。讨论“增长难题”是对时代焦虑的回应。

本期《金融与发展》的首篇主题文章名为《经济增长走向何方？》。根据文中数据，其实早在2008年金融危机前，欧美等发达经济体的增长就已经放缓，仅仅将当前增长乏力的原因归结为金融危机的“后遗症”，显然是简单化了。技术进步无疑是增长的关键，但其对未来经济发展空间的拓展可能远远地小于我们的期待。

事实上，1980年代至今，以“信息革命”为代表的“新科技”对生产力的推动作用，远没有1920—1970年代期间电力、汽车等“旧科技”那么大。1950—1973年，美国的生产率（每工作1小时的GDP产出）增长为2.6%，西欧国家平均为4.9%，而2016—2026年预计美国的生产率增长只能达到1.4%，主要的欧洲经济体则为0.8%。美国国会预算办公室对未来十年全要素增长率的预测值只有1930年代实际增长率的一半。

这些观点显然受到了美国西北大学经济学家罗伯特·戈登在2016年出版的、广受关注的重量级著作《美国增长的兴衰》的影响。在戈登看来，1870—1970年这一百年才是人类有史以来经济增长的黄金时代，这一时期的电力、公共卫生、青霉素、汽车、飞机等创新对人们生活水平的提高是根本性和革命性的。

相比之下，当前互联网与信息技术带来的生活改善简直就是“小儿科”。1870—1970年这个高增长的一百年是“历史不会重演”的“特殊世纪”，未来带给我们的很可能不会比过去更多。如果戈登是对的，那么我们挂在嘴边的口号“科技改变生活”，可能真的就只是“口号”。

接下来的几篇主题文章，光看题目就非常令人沮丧，比如其中三篇分别是《老龄化的成本》《停滞不前》以及《疲弱的未来》。难道我们已经没有希望穿越经济增长的迷雾了？还好，总算有一篇题为《政策就是问题所在》的文章，认为改变政策蕴含巨大的潜力，其中一个亮点就是要动员和发挥“女性的力量”。

两性平等不仅具有道德上的意义，对增长也尤其重要。如果全世界一半人口的潜力不能得到有效发挥，那么整个全球经济将因此受损。OECD（经济合作与发展组织）研究显示，如果未来20年OECD国家的女性劳动参与率提升至与男性相等的程度，那么其GDP将增长12%。

“女性力量”在全球范围都未被充分释放，即使在两性平等方面一直走在前列的欧洲，高级职位仍是女性的天花板。在10个欧洲公司高层职位中，只有2个由女性担任。研究表明，如果将该比例从2个增加至3个，那么公司的资产收益率将提高3%—8%。德国率先垂范，在2014年通过立法，自2016年起，特定人数以上的大企业高管及董事会成员中的女性人数不得少于30%。

面对技术进步对增长拉动作用有限的现实，以及近在眼前的人口老龄化挑战，有效地配置现有人力资本，成为破解“增长难题”的重要政策举措。很多国家年轻女性的教育水平已经超过了男性。再以德国为例，25—34岁的年龄段中，女性有32.1%完成了大学教育，而男性只有27.9%。因为性别不平等造成女性劳动参与率低，无疑是对优质人力资源的巨大浪费。

女性在职场的成功不仅影响当下，更对未来高质量人力资本的形成与积累具有关键作用。相关研究证明：与全职妈妈相比，由职场妈妈抚养的男孩在成长过程中会更愿意从事家庭照顾类的活动，长大后也更具家庭责任感；而女孩则在未来的职业生涯中更容易成功，她们的工作会更好，薪水也会更高。

（本文发表于2017年5月11日）

恐怖的“正义之心”

5月22日的曼城恐袭事件广受关注，原因一方面在于惨案本身的悲剧性，伤亡者中许多是青少年，年龄最小的遇难者年仅8岁，伤者中有12名16岁以下的儿童；另一方面则在于其时间节点的敏感性，距离6月8日英国大选只有不到一个月的时间，此次恐袭将直接影响选战格局。

特雷莎·梅在英国脱欧公投后继任英国首相，可以说是受命于危难之际，其果断、硬朗的“铁娘子”做派赢得了民众的信任。正因如此，梅才敢提前选举，放手一搏，打算通过大选在议会获得多数支持，为其脱欧策略的实施扫清障碍。保守党的支持率在民调中也确实一路领先，但在上周，梅公布了保守党竞选纲领，其中一项提议为，政府将在公民去世后对其房产征税，以此来为其生前享受的医疗福利买单。可以想象得到，这项议案不仅得罪了老人，也得罪了广大即将“老”的人，保守党支持率一路下滑，而对手工党则行情看涨。

曼城的恐袭事件客观上帮了梅一把，选情势必有利于梅领导的保守党。梅在担任首相之前是内政大臣，打击犯罪、反对恐怖主义以及移民控制等是其“看家本领”，借助此次危机处理，梅可以将选民重新吸引到其“强硬而稳定”的领导力上，再次站稳脚跟。

不过，“水能载舟，亦能覆舟”，此次恐袭事件可能让梅领导的保守党在大选中赢得更多席位，但也很可能日后让其栽跟头。根据英国BBC的报道，23岁的犯罪嫌疑人阿贝迪1994年出生在英国曼彻斯特，其父母早年作为难民逃离利比亚，抵达英国。阿贝迪在曼城当地上的小学，还是曼联球迷。

很明显，“生于斯长于斯”的二代移民的融入问题，才是此次暴恐事件的根源，这种问题其实比单纯的外来威胁更难应付。

美国著名心理学家乔纳森·海特写过一本畅销书《正义之心：为什么人们总是坚持“我对你错”》，海特想要解决的问题是：为什么好好相处会那么难，为什么人们如此轻易地被划分为互相敌视的群体，并且都坚信自己是正义的一方。海特所谓的“正义之心”，是指“对自身的正义性深信不疑，尤其在与他人的行为和信仰相比较时；彻底地说教且不宽容”。

“正义之心”其实在很大程度上就是“自以为是”的顽固，但不幸的是，这又是我们人类进化过程中形成的一种本能。在海特看来，人们因为宗教和政治而产生的深刻分歧，不是观点的差异，不是双方教育和智力水平之间的落差，而是根植于或先天或后天，基于特定文化背景的道德感。这恰恰是很难改变的。

梅领导的保守党很有可能在6月份的大选中赢得胜利，可赢得大选容易，应对“正义之心”而产生的社会内部不同群体间的宗教和政治分歧，前路仍然漫漫。

（本文发表于2017年5月25日）

当你老了

日前，世界经济论坛发布了一份最新的研究报告，题目非常抓人眼球，叫作《活到100岁，谁来养活我们？》。显然，报告也是充分发挥了“标题党”精神，打出“长命百岁不是梦”这一“振奋人心”的口号。估计谁看到这么一个题目，都会先自动“屏蔽”掉题目的后半段，心里一阵狂喜：什么？能活到100岁？我的青春、我的爱情、我的理想……我还来得及……

其实，这份报告真正的重点是在标题的后半段——谁来养活我们。当我们老了，会有一份及时、足够的养老金“相伴左右”吗？养老金制度的财政可持续性才是报告要分析的核心问题。

现代养老保障制度起源于19世纪的欧洲，更准确地说，这一制度的创始人是德意志帝国的“铁血宰相”俾斯麦。他的初衷可不是关心“谁来养活我们”，而是“如何统治他们”。1889年德国通过了《老年、残疾和遗属保险法》，俾斯麦在国会演讲时说得很直白：“当70万小额养老金领取者从国家领取年金时，我认为具有极大的好处。尤其是，如果他们属于那些本没有多少财产可损失，却误以为通过剧变可以获取很大利益的阶级。”

今天的养老保障已经成为一项权利，让人们在年老之时免于市场竞争的风险。大多数国家的养老金制度都是一种“即收即付”的筹资模式：当下工作的年轻一代缴费来供养已经退休的年迈一代。

这一制度有效运转下去需要一个合理的人口结构，即退休人口与劳动人口的数量之比要均衡。如果退休人口不断增多，而劳动人口规模在萎缩，也就是经常提到的人口“老龄化”时代的到来，那么就会对现有养老金制度的可持续性构成巨大的财政压力。长寿所带来的老年人口的增加无疑是一项挑战。

人口是经济社会发展的一个慢变量，但由人口变化引发的冲击往往是根本性的。在人类历史的大部分时间里，人口的增长都极为缓慢，直到19世纪初，全球人口才达到10亿，又过了整整一个多世纪，在20世纪20年代达到20亿。

人口的快速增长其实是最近一个世纪的事情。1960年，全球人口达到30亿，到了2016年初，达到74亿。根据联合国的预测，如果保持以往的生育趋势和模式，到了2024年，全球人口将超过80亿，2038年将超过90亿，2056年将超过100亿。但是人口并不会一直保持增长的势头不变，2100年左右，全球人口在达到峰值后将急剧下降，这对发达国家的冲击最大，70%的发达国家将出现人口萎缩。

人口减少的直接后果就是经济增长放缓，以前人口多总是被当成负担，现在我们明白，人口减少才是真正的风险。因为人力资本才是一切增长的源泉。

人口变化所带来的挑战不仅仅是规模上的，更为关键的是结构上的。简单说就是富裕国家的人口比例不断减少，而相对贫穷地区的人口规模则不断增加，这对当前发达国家主导的全球政治经济秩序，将会是一个革命性的冲击。未来40年，全球人口增幅的99%来自欠发达地区——非洲、亚洲（日本除外）、拉丁美洲和加勒比地区。目前非洲人口占全球的六分之一，但是到2018年非洲人口将超过发达地区（澳大利亚、新西兰、美国、加拿大、日本、欧洲）的总和，而到了2050年将是其两倍。

1950年，全球人口中8%为老年人口（60岁以上），之后缓慢上升到目前的12%，约9亿。但今后老龄化的速度将加快，到2050年全球有22%的人口超过60岁，有21亿。

人口年龄中位数通常用来衡量一个国家的人口老龄化程度。2015年，中国人口年龄中位数为37岁，即一半的中国人年龄小于37岁，而另一半则大于37岁，比日本的47岁、德国的46岁等要年轻不少。但这并不意味着我们可以掉以轻心，低生育率也是我们现实的挑战。1950年，全球女性平均生育5个子女，现在则为2.5个。老龄化社会就在我们眼前。

各国应对老龄化一个非常普遍的政策手段就是推迟退休年龄。1889年德国第一部养老保障法规定的法定领取养老金的年龄是70岁，今天德国的退休年龄已经提高到了67岁，回到1889年，应该只是时间问题。其实我们每个人都要做好准备，在100岁的时候，或许我们仍需要为梦想而努力奋斗，能养活我们的，只能是我们自己。

（本文发表于2017年6月7日）

既得利益

6月8日，英国大选拉开帷幕。此次大选另一个引人注目的话题，就是有7位华裔竞选人分别代表保守党、工党和自民党参选。BBC（英国广播公司）还专门以《沉默的华裔社区不再沉默》为题进行了报道。

在英国人眼里，跟印度裔与非洲裔社区积极参与英国政治的态度不同，传统上华裔社区对英国政治不感兴趣，这些华裔居民似乎只顾埋头挣钱、养家糊口，因此被称为“沉默的社区”。

BBC通过对华裔社区的采访分析了英国华裔在政治上“沉默”的原因：第一，早期华裔移民生活艰难，为在异国谋生，只能埋头挣钱养家。第二，语言不通，很多华裔居民只能局限在自己社区之内生存。第三，对英国国家体制和法律政策全不了解，甚至有了困难也不向政府求助，还是像在家乡时一样，寻求亲友和邻里的接济。

很明显，这种传统的政治观念会让华裔在现代西方的选举政治中损失很多应得的利益和尊重，不少华裔感觉受到不公待遇，根源也在于此。其实从民众切实的“问题”到政治家着手处理的“议题”之间，是一个漫长的政治过程，充满了各个利益集团之间的拉锯和争斗——谁都不想把自己的那份蛋糕分给别人。华裔要想维护自己的正当权益，会非常艰难，因为要面对强大的“既得利益”。

如何才能战胜既得利益？哈佛大学经济学教授罗德里克曾说，重要的改变并不是权力和利益结构的变化，而是当权者将新的思想观念付诸实践。改革不是发生在既得利益受挫的时候，而是发生在他们运用不同的策略追求利益的时候，或者是他们的利益被重新界定的时候。英国华裔参选的价值正在于此。他们给英国政坛带来新的理念，观念的变化才能推动制度的变革，改变之前的不公待遇，进而重新调整华裔的应得利益。当然，这一过程会很漫长。

英国政界和媒体都对华裔参选给予了积极、正面的关注和评价，除了“政治正确”的因素外，不可否认这其中相当一部分原因在于当前中国在全球政治经济舞台上举足轻重的地位。这不仅增强了华裔迈向政坛的勇气和决心，也让向来以务实著称的英国政治主流能够迅速调整心态，以更加开放和务实的眼光来发展中英关系，而华裔精英所扮演的桥梁角色无疑较之前会更加受到重视和青睐。

英国这种看待中国崛起的务实心态与其他西方国家有所不同。2015年3月12日，英国不顾一些国家的反对，率先打破坚冰，向中方提交了作为意向创始成员国加入亚洲基础设施投资银行（简称亚投行）的确认函，正式申请加入亚投行，成为首个申请加入亚投行的主要西方国家和G7成员国。

丹尼·亚历山大曾担任英国财政部的首席秘书，是当年积极推动英国加入亚投行的时任财政大臣乔治·奥斯本的副手。亚历山大现在成为亚投行副行长兼董事会秘书。在日前的一次学术交流中，笔者问了他一个问题：英国在加入亚投行的问题上，是否受到了压力？亚历山大的回答也很坦率：Yes。但他随即又补充道：“参与”而不是“拒绝”，才是影响中国最好的方式。

俾斯麦曾说，政治是“可能性”的艺术。此次参加英国大选的这7位华裔竞选人未必都能如愿当选，但是观念的变化、中国国际影响力的上升，正在重新定义海外华裔的政治“可能性”。在可以预见的未来，华裔参政将更多地成为当地家常，而不会再成为媒体追逐的热点。

（本文发表于2017年6月9日）

欧洲经济增长的秘密

近日，欧盟统计局公布了最新的经济数据，2017年第二季度，欧元区GDP同比增长2.1%，欧盟整体增长2.2%，失业率也降至10%以下。而在第一季度，欧元区的增长更是超过美国，欧洲经济的稳健表现超出了很多政府和市场人士的预期。

实际上，欧盟经济已经进入第五个复苏的年头。欧盟委员会预计今明两年所有成员国都将实现增长，2017年和2018年欧元区经济将分别增长1.7%和1.8%，欧盟整体经济也将在未来两年保持1.9%的增长率。国际货币基金组织在今年7月发布的《世界经济展望》中也调高了对欧元区经济增长的预期。

此前，国际舆论普遍对欧洲经济持悲观看法，其复苏的势头和亮点基本都被忽略掉了，这在很大程度上是因为人们对极右翼政治势力在欧洲主要国家可能上台的担心，以及对英国脱欧这一意想不到的外部冲击的忧虑。但更深层次的原因，则是长期以来形成的对欧洲经济的“刻板”印象——欧洲的福利制度削弱了生产效率，导致经济增长乏力。

在这种观点看来，“福利”明显是站在了“效率”的对立面，是实现经济增长的障碍，甚至是陷阱。公平与效率之间是此消彼长的零和游戏，要实现增长就要轻装上阵，“牺牲”体现公平的“福利”。

按照这样的分析思路，实行福利国家制度的欧洲当然是一个经济增长的“坏榜样”和“反面教材”。如果这种看法是对的，那么又该如何看待当前欧洲经济的稳健增长？

对于福利制度与经济增长的关系，还有另外一种看法。2010年，美国哥伦比亚大学、哈佛大学和雪城大学的三位学者合写了一本书《财富与福利国家》，他们开篇第一句话令人印象深刻：如果说福利是增长的负担，那么为什么现在所有西方富裕的国家都是福利国家？

他们在书中特别提到，普遍印象中，美国不是一个欧洲那样的福利国家，政府的福利开支相比欧洲国家要少，但这种印象是错误的。美国也是一个庞大的福利国家，与欧洲的不同仅仅在于福利提供方式的差异——欧洲主要是政府提供，而在美国，企业和社会也是重要的福利提供者。

在这三位学者看来，市场竞争给个人带来的最坏结果不是竞争失败后的贫穷，而是经济不安全，因为这意味着不确定的收入和不确定的支出。而福利制度通过提供教育、健康和社会保险，减少了经济不安全，这些对个人的社会投资最终将转化为有益于经济增长的人力资本，所以他们认为社会福利并非是一种单纯的资源消耗，而是与增长相互促进。

经济增长对我们人类的生存发展至关重要，解决增长难题是所有国家的愿望。1930年，凯恩斯发表了一篇文章，名为《我们孙辈的经济可能性》，他乐观地预测在100年后人类会彻底解决经济问题，从迫切的经济顾虑中解脱出来，那个时候人们考虑的是如何来享受自由和闲暇。很明显，凯恩斯的预测没有成功，我们仍然要面对如何实现增长的难题。

但是为什么会出现经济的持续增长，为什么有的国家经济增长快，而有的国家经济增长慢，甚至还有不少国家会停滞和倒退，福利制度到底是促进经济增长还是阻碍经济增长，学术界对这些问题至今都还很难回答。所以，经济学家赫尔普曼在回顾了经济增长理论的起源和发展后，写了一本很薄却很经典的小书，名字就叫《经济增长的秘密》。

虽然经济增长仍然是一个秘密，但赫尔普曼还是给出了探索经济增长源泉的四条线索：创新（技术进步对经济增长的影响），相互依存（国际贸易对增长的影响），不平等（收入分配对经济增长的影响）和制度（政治和社会因素对经济增长的影响）。欧洲从2009年欧债危机爆发后陷入衰退，但最近几年逐步复苏，实现增长，给了我们一个很好的实例，去探寻经济增长的秘密。

（本文发表于2017年8月8日）

欧洲还安全吗？

8月17日，在西班牙第二大城市巴塞罗那的市区，一辆厢型货车冲撞人群，造成至少13人死亡，100多人受伤，很多人伤势严重，死亡人数可能进一步上升。巴塞罗那恐袭案发生几小时后，巴塞罗那西南小镇坎布里尔斯也发生了一起袭击案，造成7人受伤。

恐怖主义的阴云再次笼罩欧洲。怎么看？怎么办？这些老问题又得重新让欧洲人伤一番脑筋了。

老实说，现在评论欧洲的恐怖主义是一件费力的事情。因为之前接二连三发生在法国、英国以及德国的恐袭事件，已经引起了国际舆论足够多的关注，铺天盖地的信息把欧洲恐袭频发的背景、原因、影响、结果已经分析得无比透彻。

比如，单是分析原因，就可以从中东战火的持续蔓延、移民融入的困难、极端宗教思想的传播、社会不平等的加剧等角度，不一而足。对西班牙的这次恐袭事件，也可以继续用这个套路进行分析。

那么，欧洲人自己会怎么看这次西班牙的恐袭事件呢？至少有两种观点，第一种是乐观主义者，他们认为不能夸大恐怖主义在欧洲的影响，欧洲远比想象中安全。

那么该如何衡量欧洲的“安全”呢？罗伯特·穆加的研究回答了这

个问题。他的衡量方法是，测算一下，到底一个欧洲人平均死于一场恐怖袭击的概率有多大?

根据穆加的数据，2010年至2014年，在欧盟国家，平均每十万人中有将近0.0018个人死于恐怖主义袭击。2015年，每十万人中有0.034个人死于恐怖主义袭击。到了2016年，每十万居民中，有0.027个人死于恐怖主义袭击。

这是什么概念呢？穆加进行了数据比对。2016年，欧洲人死于心脏病的概率是死于恐袭的4888倍；死于自杀、交通事故、谋杀的概率分别是死于恐袭的433倍、218倍和32倍；死于机器事故、食用有毒物质和热水事故的概率是死于恐袭的39倍；死于骑自行车、滑雪或水上运动事故的概率是死于恐袭的50倍。

俗话说“天打雷劈，不得好死”，穆加竟然把雷击这种极端事件也进行了统计：2016年，26人死于雷击。欧洲人死于恐袭的概率是被遭雷劈的5.4倍。这表明在各类主要的死亡风险中，欧洲人死于恐袭的概率只是比被雷劈要高。

这样看来，恐怖主义并没有对欧洲安全造成根本性威胁，对欧洲恐怖主义持乐观态度的观点似乎还是能站得住脚。

但是在第二种悲观主义者看来，恐怖主义的影响不是简单的数字统计，而是心灵恐惧，这种恐惧的蔓延会导致社会结构的封闭，让普通民众撕裂为“敌人”和“朋友”，人们面对相互间的差异会变得更加不宽容。这恐怕也是当前欧洲社会面临的现实。

悲观主义者还会提醒，当前恐袭活动的方式在变化。

之前很多分析担心恐怖分子使用核武器甚至是生化武器等高精尖设备，但现在的情况是，最近许多恐怖袭击，包括此次西班牙的恐袭，恐怖分子的手法非常原始，使用的是卡车、刀具、自制简易炸弹等。这到底是福还是祸呢?

普利策奖获得者劳里·加勒特写过一本关于传染病的书《逼近的瘟疫》,里面提到,其实对人类威胁最大的传染病不是那些全新的疾病,反而是已经被人类早已攻克的“老病”,这些“老病”在具有越来越强的耐药性之后杀个回马枪。

现代医疗技术的进步和设备的更新,使得如今的医生不借助化验室耗时的分析,很难再独立诊断和辨别出疟疾、白喉、风湿热、黄热病、登革热等这些传统的“老”传染病。

对付恐怖分子也是如此。科技的发展,虽然为应对恐怖主义提供了强大的技术保障,但是在当前西班牙恐袭事件中,恐怖分子的这种看似原始的攻击方式,或许就是“逼近的瘟疫”,需要对此提起足够的警惕。

（本文发表于2017年8月18日）

全球增长的障碍

IMF（国际货币基金组织）出版的9月最新一期《金融与发展》杂志的主题聚焦于“全球经济合作”动力的减弱，认为对多边机制与全球化不断增长的怀疑是当今世界所面临的最为显而易见的挑战，而重建全球合作的共识则是一场“艰难的战斗”。

美国普林斯顿大学的经济史教授哈罗德·詹姆斯在本期的主题文章中谈到，英国脱欧和特朗普当选不仅给这两个国家本身，而且给整个世界带来了一种“新政治”，这给“二战”后建立、冷战结束后得到强化的国际秩序带来了严峻挑战。

因为以IMF为依托的国际金融体系和以WTO（世界贸易组织）为依托的多边贸易体制，就是1944—1945年间在英国和美国的主导下建立起来的，而现在他们却“失去初心”，与全球多边机制渐行渐远。至于原因，按照特朗普的口头禅就是：It's unfair。他认为在当前的全球经济秩序里，美国吃亏了。这话反映出当前世界各国在全球经济合作上“缺乏共识”，这才是束缚新一轮全球增长的障碍所在。

“全球共识”虽然是务虚，但很关键，它也是繁荣的前提。第一次世界大战后，当时英、法、美等主要经济体对世界金融贸易体系的安排缺乏共识，进而导致各国漠视他国利益。放弃国际义务的保护主义经济政策，是引发第二次世界大战的重要原因。

在经历了“二战”的残酷厮杀之后，欧美各国吸取教训，达成了“战后共识”：汇率要稳定，贸易要自由，政策要协调。避免两次世界大战期间各国为刺激经济，放弃国家间的政策协调，采取货币竞相贬值政策，造成投机性资本大规模跨国流动，导致国际金融体系的崩溃；避免贸易保护分割、封闭市场。正是这一“战后共识”确保欧美国家普遍经历了“黄金三十年”的高速增长。

但是如今，面对世界经济政治格局的变化，一些欧美主要国家不仅试图放弃这些战后形成的“全球共识”，而且面对新经济力量的崛起，经济政策也变得自私，不能包容他国利益。比如，无论是美国还是欧洲，最近都密集地出台了一系列投资审查措施，特别是对有政府资金支持的外来投资实行严格的审查。仅仅以企业的所有制形式来判断投资合理与否显然是不明智的。类似的这种偏见与分歧正撕裂着全球经济合作的共识。

新的全球共识会达成吗？答案应该是乐观的。因为按照生物学教授马丁·诺瓦克的说法，人类是超级合作者。按常理说，由于不自私，合作者的生存机会更小，随着合作者相继死去，自私者的数量在自然选择中会越来越多，最后，合作者完全灭绝。但实际上并非如此，人类进化至今，并且创造灿烂的文明，依靠的就是合作，经过一代代的基因传递，合作已经成为人类的本能。今天的人们应该有更多的智慧去达成合作。

（本文发表于2017年9月18日）

加速的世界

近日，IMF（国际货币基金组织）发布了2018年最新的《世界经济展望》，报告的整体基调一扫往日对经济走势的“疑虑”与“悲观”，认为“前景更光明，市场乐观，全球复苏加强”，预计“2018年和2019年全球经济增长将进一步上升”。

IMF乐观的判断是有基础的。2017年，约120个经济体（占全球GDP的四分之三）的年同比增速都出现上升，这是2010年以来最广泛的全球同步增长。IMF的数据显示，2017年全球产出增长3.7%，比去年秋季预测高出0.1个百分点，比2016年提高了0.5个百分点。

IMF认为此轮经济增长基础广泛，发达国家、新兴市场国家以及发展中经济体的增长势头都在加强，由此，IMF将2018年和2019年的全球增长预测上调了0.2个百分点至3.9%。似乎新一轮繁荣周期的大幕即将拉开。

就在不久之前，国际舆论热议的话题还是“长期停滞”“逆全球化”，而现在，全球经济正在走出危机的阴霾，以国际贸易和对外投资为核心的经济全球化也大有“卷土重来”的气势。我们该如何去理解今天这个越来越纷繁复杂的世界呢？在迷茫与困惑之时，听听他人的看法总是有益的。

凭借《世界是平的》一书而声名大噪的专栏作家托马斯·弗里德曼在新著《谢谢你迟到》中，试图去展示世界这台机器是如何运转的，经济全球化的未来图景又是怎样的。

在弗里德曼看来，2007年爆发的全球金融风暴并没有阻挡住全球化的步伐，相反，我们处在一个全球化加速的时代。弗里德曼认为，用经济学家常用的货物贸易、服务贸易和金融交易来衡量全球化，太过于狭窄。全球化意味着任何个人或公司在全球范围内竞争、联系、交换或协作的能力。按照这个定义，全球化在爆发。

为什么这么说呢？弗里德曼从摩尔定律开始谈起。1965年，英特尔公司的联合创始人戈登·摩尔首次提出，芯片的速度和力量，也就是其计算和处理能力，大体上每年可以翻一番，而芯片成本只会以极小的幅度上升。这意味着信息技术进步是一种呈指数增长的趋势。50多年过去了，技术的进步居然真是大体按照摩尔定律的路径在前进。

指数化的技术进步让许许多多的东西数字化，变成了全球流动的数据流，而这又驱动了更深层次的全球化——友谊与仇恨，商业与金融，教育与新闻，八卦与谣言。这让世界以加速度的方式在急速变化。

汽车从静止到加速至100公里的几秒钟，飞机脱离跑道加速爬升的瞬间，都会带来眩晕的刺激感，但如果一直处于这种加速的眩晕状态，那么谁也受不了。所以，弗里德曼认为，近年来的民粹主义思潮大行其道，贸易保护主义抬头，许多西方国家出现政治极化、社会分裂的状态，其根源都在于人类社会的适应能力远远地被技术进步的速度甩在了后面。

按照弗里德曼的逻辑，我们有理由相信当前IMF对未来全球经济的乐观预测是对的，因为技术进步始终是经济增长最为直接的推动力。

IMF在乐观预测的同时，也提出未来增长所要面对的风险，其中一个就是所谓的“内向型政策”。这是指贸易壁垒增加和监管调整都将给全球投资造成压力，导致生产效率下降，也就是我们经常说的“形形色色的贸易保护主义”。因为在加速时代，如果一个社会不能为人们提供能够站得稳的地板，他们就会要求“砌墙”，对政府实行保护政策施加压力。这就是为什么特朗普的各种“砌墙”政策在美国国内有坚定的民意支持。

在加速运转的世界，每个人都会有刹那间的眩晕与茫然，个人要如何应对呢？弗里德曼的建议是，应该适时地暂停一下，与自己内心深处最坚定的信仰重新建立联系。

（本文发表于2018年1月29日）

当青年人的梦想被推迟

近日，国际货币基金组织（IMF）总裁拉加德用充满感性的笔调发表了一篇文章，题目为《被推迟的梦想：欧洲的代际不平等和贫困》。她引用了兰斯顿·休斯的著名诗句——如果梦想被推迟，会怎样？——作为开头，探讨了当前欧洲年轻人所面临的贫困与不平等。

基于IMF的一份研究报告，拉加德发现了一个令人担忧的趋势：欧洲代际差距已显著扩大。18—24岁处于工作年龄的青年人，越来越受到贫困和失业的威胁，被落在后面。拉加德警告，如果不采取行动，那么一代人可能永远无法赶上来。

2007年开始的全球金融危机后，欧洲青年人（18—24岁）的收入呈下降趋势。虽然近几年收入随经济复苏得以恢复，但没有进一步增长。而年长者（65岁以上）由于养老金而得到更好保护，其收入增加了10%。青年人失业率自危机爆发后一路走高，2013年飙升至24%。目前，在欧洲，每五个年轻人中就有一人仍在寻找工作。

在危机前，欧洲青年人与年长者的相对贫困程度是相似的，但危机后形成了显著差距。现在每四个青年人中就有一人面临贫困风险，即收入低于中位水平的60%。贫困不只限制了青年人的想象力，拉加德认为最严重的后果是青年人停止了追求梦想。

为什么像欧洲这样的发达地区，会出现代际间的贫富分化，使得实现“子女比父母生活得更好”的梦想变得越来越难呢？哈佛大学的两位经济学教授克劳迪娅·戈尔丁和劳伦斯·凯兹合著的《教育和技术的竞赛》为理解这个问题提供了一个思路。

在她们看来，科技和教育之间存在着一场持续不懈的竞赛，经济增长和收入差距不过是这场竞赛所产生的结果。当技术变革冲在前面，对劳动力的技能需求就会改变，如果教育不能及时、充分地满足这一需求，那就意味着只有少数掌握新技能的人才会得到市场的奖励，他们能够获取超额的“技能溢价”，而大部分劳动群体会被落在后面。这会导致增长受阻、贫富分化。如果教育发展能够赶上技术进步，那么“技能溢价”会很快被更大的劳动群体所稀释，不仅收入差距会缩减，大量优质的人力资本也会促进持续的增长。

按照戈尔丁和凯兹的分析，今天欧洲青年人遇到的困境，不仅仅是源自全球金融危机的后遗症，根源在于20世纪80年代以来，包括美国在内的发达国家，教育发展在这场竞赛中没能赢得过技术变革。这让许多年轻人不能很好地适应经济结构快速变革所带来的对新技能的需求。

戈尔丁和凯兹反复告诫，对个人而言，教育仍是一个很好的投资。不继续上大学、不完成大学学业的人，都白白地扔掉了大把钞票。对政府而言，应该认真解决的问题是，为什么有人将大把钞票扔在了大街上，以及如何让青年人通过教育来拾起这些宝藏。

（本文发表于2018年2月6日）

美国能否“逃离”民粹主义?

近日，IMF（国际货币基金组织）出版了2018年最新一期《金融与发展》杂志，这期“经济学人物”栏目介绍的是普林斯顿大学经济学教授安格斯·迪顿。迪顿是在2015年获得诺贝尔经济学奖的，在2018年作为“经济学人物”显然有“过气”之嫌。

成为2018年杂志首期的“经济学人物”，无疑是因为迪顿长期研究的“美国非拉丁裔中年白人的患病与死亡率”这一问题，对于理解今天美国强烈的民粹主义和保护主义倾向，乃至我们所处的世界，提供了一面透镜。

栏目文章描述了时任美国总统奥巴马在白宫招待迪顿等2015年诺奖得主时的一个片段。迪顿在与奥巴马握手时说：“我想向您介绍我的妻子。”奥巴马立刻说：“我知道凯斯博士是谁，我们来直接讨论你们的论文吧。”

奥巴马所说的论文就是迪顿和妻子——同为普林斯顿大学经济学教授的安妮·凯斯——合作发表的，他们的研究显示：高中毕业及以下学历的非拉丁裔美国中年白人的患病率和死亡率都在上升，该群体每十万人里自杀的发生率，从2000年的16人增加到2015年的25.5人，因毒品而中毒的人数则从6人增至30人。

迪顿和凯斯估算，假如按1979—1998年这20年间美国自杀和患病率平均下降的趋势来计算，那么这个群体在1999—2013年间额外丧生的人数就有近50万。相比之下，非洲裔和拉丁裔群体的健康和寿命都在改善中。

迪顿说，在美国，仅仅拥有高中学历的群体，其实际收入在过去的50年里一直在下降。这一贫富差距不断拉大的趋势很难纠正。2017年，迪顿和凯斯的新论文《21世纪的患病率和死亡率》发现，2015年以来的情况并未好转。他们的研究在很大程度上有助于理解为什么民粹主义和保护主义浪潮会在美国如此强势地兴起。

迪顿更为人所知的著作是2013年出版的《大逃亡：健康、财富和不平等的起源》（简称《大逃亡》），他将人类摆脱贫困与早逝、努力改善生活质量的艰难历程形容为“大逃亡”——当一部分人从匮乏、疾病以及死亡之中逃脱时，另一部分人则继续被留在这些旋涡中。

迪顿在《大逃亡》中有一个令人印象深刻的比较。近年来，法国的经济增长远不如美国迅速，但如果对两国收入最高的1%之外的99%人群的平均收入进行比较，会发现，法国的增速远远快于美国。换句话说，除了收入最高的那1%人群，剩余的99%的法国人要比剩余的99%的美国人日子要过得好。

如果我们认为不平等与民粹主义和保护主义的兴起有莫大的渊源，那么迪顿的研究是否意味着，欧洲在贸易保护主义这条路上并非是特朗普的“同道中人”？

人类有没有可能最终实现“大逃亡”？迪顿还是持乐观的态度。他认为知识的传播无法阻断，这将让未来的“逃亡者”能够站在巨人的肩膀上；在世界范围内，暴力在减少；与之前相比，人们参与社会活动的机会也大为增加；而且教育受重视的程度在提高，如今，全世界80%的人口都受过教育，而在1950年，世界上有一半人口是文盲。

迪顿在书中说，他父亲年少时靠在矿井下挖煤为生，“二战”爆发后应征入伍，才得以重见天日，在苏格兰受训时“幸运”地患上肺结核而退役。他父亲所在部队在挪威对德军作战时遭遇失败，许多人牺牲，而他父亲不仅病愈，而且战后的劳动力短缺又让迪顿的父亲幸运地得到一份工作，才能为后来迪顿自己实现“大逃亡”奠定基础。

迪顿说，运气垂青了一部分人，却远离了另外一部分人。承认运气的重要性其实很重要，它能让人们变得更加慷慨，更愿意为其他人的“大逃亡”贡献一分力量。这算是迪顿给我们的另一个启示吧！

（本文发表于2018年4月12日）

国家债务多高才算“高”？

近日，IMF（国际货币基金组织）发布了最新一期《财政监测报告》，关注全球政府债务的膨胀所带来的风险。

IMF的数据显示，全球国债规模已处于历史高位，2016年达到创纪录的164万亿美元的峰值，相当于全球GDP的225%。与2009年的高峰相比，目前全球债务又增加了GDP的12%，平均而言，发达经济体的债务已达到GDP的106%，这是第二次世界大战以来的最高水平。在新兴市场和中等收入经济体中，债务与GDP之比平均达到50%，堪比20世纪80年代债务危机时的水平。

IMF的警告有没有道理呢？当然有，因为政府债务水平太高肯定不利于长期的增长，它限制了国家投资于基础设施、教育和医疗等对增长至关重要的领域的能力。

但也可以说，没道理。因为债务多高才算“高”？这是个很难说清楚的问题。欧盟在《马斯特里赫特条约》里规定政府债务的比重不能超过GDP的60%，但日本已经达到240%，能不能说日本已经到了债务危机的边缘呢？

债务似乎总是给人一种负面的感觉。其实债务，特别是国债，是人类历史上非常重要的制度创新。

在16世纪，奥地利的哈布斯堡皇帝为了筹集对法战争的资金，利用其领地荷兰联邦的议会的信用来为其发行债券。为什么奥地利皇帝自己不借钱，而是要用荷兰这个“马甲”呢？原因很简单，皇帝信用不高，自己借钱的话支付的利息太重。在债权人看来，皇帝或国王总有一天会去世，老国王的债务是否会得到新国王的承认也不确定。而议会是永久性机构，其信用度要高于国王。

哈布斯堡皇帝为了长期以低息筹集巨额资金，将用于偿还本息的税收权交给了荷兰议会。不仅如此，在1542年他又将设立新税种，以及决定财政支出的权限交给了议会。荷兰联邦议会以未来的税收收入为保证金，以市场交易的方式发行债券，供投资者自由购买。这就是最初的国债。

哈布斯堡皇帝在无意中进行了一次意义非凡的制度创新，把皇帝的“私人债务”转换为面向市场发行的“公共债务”。在1688年的英国“光荣革命”之后，来自荷兰的威廉继承了英国的王位，威廉也把荷兰的这套国债制度带入了英国。

英国将国债制度发扬光大，但在英吉利海峡的另一边，其宿敌法国却一次次遭受财政危机的困扰。从1614年到法国大革命前的1789年，法国国王主要靠最为传统、原始的方法筹集军费——贷款。由于偿还压力巨大，法国国王经常违约，所以，投资人往往对法国国王的债务要求较高的利息。18世纪后半叶英国国债的平均利率为3.7%，而法国信用最好的贷款利率也达到了6.1%。

战争的背后是财政。高利率意味着法国在战争中付出更高的财政成本。由于英国国债制度的良好信誉，在拿破仑战争期间，尽管英国是法国的敌对国，但法国大量的资金流入英国，在1801年法国居民拥有的英国国债为15万英镑，在1806年12月为26万英镑，在1810年11月增加至

172万英镑。

资本流向是信心的试金石。拿破仑在滑铁卢战役的失败并非偶然，英国更胜一筹的国家信用和融资能力明显更受市场青睐，相比法国，市场更加相信英国能赢得战争。

国家间的竞争在很大程度上体现为对国际资本的竞争，哪个国家能够大规模、低成本、可持续地吸引到源源不断的新鲜资本，哪个国家就会获取竞争优势。高效的国债制度是一个国家融资能力的体现，是决定着国家兴衰的重要因素。

说到底，债务规模处在高位跟债务危机仍是两码事。会否有危机，还得看债务是不是真的高。

回到开头那个问题，国家的债务多高才算“高”？答案是，看信誉。

（本文发表于2018年5月16日）

美国经济会在2020年陷入衰退吗?

近日，美国《华尔街日报》公布了一项对经济学家的调查报告，结果显示，约59%的受访经济学家预计美国本轮经济扩张将于2020年结束。

当前美元走强，增长的势头也在持续，为什么说美国经济仍面临下行的风险呢？62%的受访经济学家认为，美联储大幅收紧货币政策最有可能导致美国下一轮经济衰退。

这份调查报告主要分析的是短期趋势，美联储加息步伐加快的确会给经济降温，甚至刺破泡沫，最终导致衰退。但从长期来看，增长的源泉是劳动生产率的提高，特别是体现创新和技术进步贡献度的全要素生产率的提高，而美国的劳动生产率和全要素生产率增长持续放缓，这才是美国经济真正的隐忧。

根据美国西北大学经济学教授罗伯特·戈登的研究，自1970年以来，美国劳动生产率的年均增长就一直呈现出下降的趋势。

其中，1996—2006年这10年间劳动生产率出现了反弹（1970—1996年为1.5%，1996—2006年为2.38%）。这源自20世纪90年代以互联网为代表的信息技术的发展和应用，但这对经济增长的促进作用并没有我们所想象的那么大，而且也没能扭转1970年之后劳动生产率下降的大趋势。

21世纪以来，互联网产业虽然对人类社会的变革作用不容小觑，但囿于劳动生产率基数等因素，其对GDP的贡献尚比不上19、20世纪以电力、内燃机、抗生素、城市下水管道等为代表的“伟大发明”，因为“电比电脑的发明更重要”。这些“伟大发明”深刻地改变了人类衣、食、住、行等方方面面，而21世纪的这些所谓新发明都只是集中在娱乐、通信和信息的收集与处理这些狭窄的领域。

对于当下大热的人工智能技术的发展前景，戈登并不认为其会革命性地改变人们的生活方式。他略带调侃地表示，“机器人和算法接管世界”的观点太过于想当然了，因为电脑代替人工已经持续了50多年，机器普遍代替人工也已经持续了两个多世纪，但在日常生活中，人们真正接触并与之频繁打交道的“人工智能”，也只有银行的ATM机和航空公司的自助登机办理柜台。

信息技术对增长的推动作用尚没有人们想象中的那么大，这是有数据支撑的。全要素生产率是衡量科技创新对经济增长贡献度的最佳指标，1920—1970年美国全要素生产率的年均增长是1.89%，1970—1994年是0.57%，1994—2004年是1.03%，2004—2014年又迅速下降至0.40%，还不到1970年代的1/4。也就是说，2004年以来科技创新对增长的促进作用在放缓，并且实际效果远逊于前两次工业革命。

除了新技术对增长的贡献度在下降，美国经济还面临四重阻力。第一是收入不平等的加剧，美国是发达国家中贫富差距最大的国家，收入差距不断扩大不仅有碍增长，更会侵蚀社会凝聚力。第二是教育，特别是中小学教育质量下滑严重，美国是发达国家中唯一一个25—35岁群体的高中毕业率低于55—64岁群体的高中毕业率的国家。高等教育成为一个固化阶层的精英体系。第三是人口，劳动人口在减少。第四是政府债务，还在不断累积。

这四大阻力都是长期性和结构性的，当前很难有较大的改善。

由此来看，美国经济面临的真正挑战不是2020年会不会陷入衰退，而是如何克服以上四大阻力，避免长期停滞。

（本文发表于2018年5月30日）

欧洲支付体系要来了?

8月27日，德国外长马斯在柏林驻外使节大会开幕式上雄心勃勃地表示，德国已经开始创立一个欧洲支付体系的工作，该体系将独立于目前占主导地位的SWIFT支付体系。法国财长勒梅尔也表示要与德国一道，决定创造一个独立的欧洲或者法德融资工具。德法高官的这一表态显然是对美国退出伊核协议的回击。

在美国恢复对伊朗制裁的背景下，欧洲仍想继续与伊朗保持商业往来，比如进口原油等。但横亘在他们面前的一个技术难题就是，与伊朗的交易无法利用SWIFT体系进行收付款。

德法如果真的建立了一个欧洲支付体系，那么就可以绕开深受美国金融霸权影响的SWIFT体系，将伊朗的金融机构接入其中，与欧洲的银行网络相互连接。这样一来，资金就可以在欧盟和伊朗之间畅通无阻地流动，双方又可以愉快地“一起玩耍了”。

德法这个欧洲支付体系的“远大理想”能实现吗？首先需要了解一下的是，历史上，在“反抗”美国金融霸权的问题上，德国并不是一个可靠的合作者，法国对此应深有体会。

1965年，由于不满美国无节制的通货膨胀政策，时任法国总统的戴高乐在货币问题上向美国发起挑战，大规模地将自己的美元储备兑换为黄金，借此逼迫美国同意法国在美元之外创建新的储备资产的建议。但仅凭法国的力量是不够的，德国是当时美元储备的最大持有国之一，可以对美元走势施加更大的影响，所以，法国明白争取德国的支持至关重要。

美国同样意识到德国对于继续维持美元主导地位的重要性，时任副国家安全事务助理的巴特在给约翰逊总统一份关于德美谈判的备忘录中建议，一方面要使德国承诺投资美国财政部的债券，使其庞大的外汇储备回流到美国；另一方面，更具价值的是要求德国联邦银行写一封公开信，承诺不将其持有的美元兑换为黄金。

巴特的建议成功了，因为美国威胁德国，如果不同意，美国将从德国撤军，不再为德国提供安全保护。1967年3月30日，时任德国联邦银行行长的布莱辛写信给美联储主席马丁，承诺德国不会把所持美元储备兑换成黄金。

这封信是战后国际货币史上的一份重要文件，被称为“布莱辛信件”（Blessing Letter）。而要求德国购买美国政府债券的条款则相当于迫使德国把“人质”放在华盛顿，保证德国对美元的持续支持。在美国和法国之间，德国不得不选择站在了前者一边。德美关系之间形成了一种制度性的“货币——安全”安排。

曾在1969—1971年担任总统国家安全事务顾问助理，负责协调白宫对外经济事务的伯格斯坦在1975年写道：的确，作为世界上最大的顺差国，德国明确承诺不将其持有的美元储备向美国兑换黄金，是战后美国能够隔离外部对其（黄金）储备压力的最重要的步骤。

另建一个独立于美国的支付系统，这无疑是要打破美国的金融霸权，是美国难以容忍的。德法如果真的想迈出这一步，那么，首先需要打破的是对美国安全依赖的思维定式，否则，美国仍然会用安全问题迫使德国让步。德国已经做好准备了吗？

德国总理默克尔对以欧洲支付体系替代SWIFT支付体系的计划表示谨慎。她承认美国对伊朗制裁导致一系列与SWIFT相关的问题，但她也说，“与此同时，我们知道SWIFT协议极为重要，特别是在监测恐怖主义融资的问题上”。马斯自己在最近提出的《对美新战略的5个重点》的“最后一点”中也坦承：尽管面临很大改变，但美国仍是德国在欧盟之外最重要的伙伴。

（本文发表于2018年8月30日）

欧元的“婚姻”与“爱情”

各类挖苦欧元缺陷的版本中，最为幽默，也最为刻薄的，当属诺贝尔经济学奖得主、哥伦比亚大学教授斯蒂格利茨的说法。他将欧元比喻为一场“失败的婚姻”，两个本不该结合的人走到了一起，并对彼此宣读那些本该十分牢靠的誓言。其实，斯蒂格利茨大可不必在“婚姻”前面加上形容词“失败”，因为失败本就是婚姻的常态。

马里兰大学心理学教授泰·田代是当今研究两性关系和婚恋问题的新锐学者，他在2014年出版了一本广受好评的畅销书《永远幸福的科学》。他的研究表明：在今天的美国，大约有50%的婚姻夫妻双方最终选择分道扬镳；还有大约14%的婚姻，虽然双方勉强维持，但婚姻生活并不幸福；真正能够一直白头偕老的幸福婚姻大概只占30%。婚姻“惨淡”的背后有着科学的逻辑作为支撑，心理学家的研究显示，恋人之间的相互喜欢程度在结婚后以每年3%的比例递减，婚姻中的两性吸引力每年以8%的速度递减。不难想象，10年之后，当婚姻中的双方彼此间的喜欢程度和两性吸引力都已消耗大半，这时选择继续坚持下去的，无疑都是“真的勇士”；20年之后，婚姻还存在的，那属于无比好运的“幸存者”了。

从这个意义上说，自1999年1月1日正式启用至今，欧元这场“婚姻”能够存在20年，也算是一个奇迹了。近年来，包括法国、意大利等欧元区核心国家在内，以“废除欧元”为政治诉求的民粹势力都大行其道，甚至赢得选举，进入政治主流，民众对欧元的信任程度也在下降。如果说欧元就是一场婚姻，那么今天欧洲人对欧元的不满其实也大致符合“爱情递减”的规律。

其实从欧元诞生之日起，关于欧元能否生存下去的争论就一直没有停止过，“挺欧派”与“倒欧派”各执一词、互不相让。“倒欧派”看空欧元的基本理由是：欧元区财政政策与货币政策的分离，单一的货币政策与欧元区各国不同经济状况之间的矛盾，欧元区债券市场的不统一，欧元治理结构的缺陷以及欧元区经济增长的缓慢，等等。而这些似乎在欧债危机中全面地应验了。据此，“倒欧派”认为欧元非但不能像许多人想象的那样成为与美元分庭抗礼的国际货币，反而有最终崩溃的危险，最好的结局也就是成为一种地区性货币。

回顾欧元20年的历史，最重要的事件可能就是欧元没有崩溃。哈佛大学经济学教授，曾担任里根时期总统经济顾问委员会主席的马丁·费尔德斯坦是“倒欧派”的重量级元老，他一直坚持认为欧元从一开始就是个错误，对“唱衰”欧元一直是不遗余力。但欧元并未如他所言走向消亡，“费老”对此予以解释，他列出了四条理由：第一，支持欧元的政治精英相信，欧元给了欧元区在国际事务中的一个重要地位。如果没有欧元，单个欧元区成员国是不可能享有这样的地位的。第二，德国企业界会支持用本国税收维系欧元的做法，因为他们意识到德国受益于固定汇率制度，在这种制度安排下，欧元区的其他成员国无法通过贬值本币同德国展开竞争。第三，投资者需要欧元来分散美元的风险。在希腊危机开始前，投资者就开始悄悄地将资金分散到欧元资产中去。他们暂时停止是因为对欧元的未来感到不确定。第四，大家终将认识到周边国家的问题并非欧元的问题。其中最为核心的是第二条，也就是德国对欧元的支持。

费尔德斯坦是对的。欧元之所以能够避免崩溃的命运，关键在于德国。许多观察家在预测欧元前途的时候都会提到，德国的支持是欧元能够继续存在的有力支撑，但是德国对欧元的支持是有限度的。实际上，正如费尔德斯坦所言，欧元是德国马克的“升级版”，它让德国享有比在马克时代更多的经济利益和更大的特权。欧元存在本身就是德国核心的国家利益，德国为保卫欧元所愿付出的代价要超出很多经济学家的想象。

已经走过20年，那么欧元这场“婚姻”还可能有下一个20年，甚至是“永远幸福”下去吗？要回答这个问题，心理学家的研究或许更加值得参考。尽管每个人对爱情都有自己独特的期待，对未来和自己携手走进婚姻殿堂的恋人有无数的想象，但人们在实际选择时一般不超过三个条件——相貌、能力（财富）、性格。当人们感觉自己陷入对另外一个人的爱恋，或者相互吸引，或者产生非常强烈的“感觉”之时，我们都会认为自己“恋爱”了，认为自己碰到了一份“唯美”的浪漫情感。但心理学研究发现，这个时候我们之所以会对未来潜在的伴侣产生一种特殊的感觉，其实并不像我们认为的那样，是出于自己内心纯粹的情愫，实际上更多是因为我们看重对方的相貌和财富，也就是前两个条件。其实这也没有什么可耻的，这是人类在漫长的进化过程中形成的一种自然和本能的反应，因为相貌的“美”与财富的“多”意味着更加健康的体魄和更加强大的环境应对能力，这都有利于生存下去。然而婚姻的悲剧也正在于此。研究表明，在相貌、能力（财富）、性格这三个条件中，只有第三个条件——性格对长久幸福最有决定性，但人们在婚姻选择中往往选择前两个而忽略掉第三个，这就是绝大多数现代婚姻都不幸福的根本原因。

欧元这场“婚姻”何尝不是如此呢？德国选择欧元这场“婚姻”，一是因为“相貌”，即欧洲央行的治理模式和德国央行完全一样，欧元与德国人喜欢的马克具有相同的“容颜”。二是因为能力，欧元让德国无形中具有了越来越强的支配其他欧盟成员国的能力。关于这种能力，俾斯麦当年运用高超的外交手腕在欧洲纵横捭阖，却没有得到；希特勒运用战争的手段，花费高昂的代价，几乎将欧洲变成战争的废墟，也没有得到；但是现在德国通过欧洲一体化，通过共同货币欧元得到了！

但德国也犯了同样的错误，即忽略掉了对幸福婚姻具有决定性影响力的第三个条件——性格特征。欧元作为一个超主权的共同货币，天然地需要包容和顾及所有成员国的利益，天然地要求所有成员国都能获得参与感，天然地需要照顾到不同成员国之间的差异。德国在欧元区治理方面所体现出的固执、独断和狭隘的性格特征，显然与欧元的气质格格不入。

那是否意味着欧元这场“婚姻”也要不可避免地走向尽头呢？也不尽然。《永远幸福的科学》的作者告诉我们，婚姻中给定双方各自的性格一旦确定，最能决定是否天长地久的，是伴侣在面对问题时候的反应。如果双方对来自彼此的诉求能给出真实和肯定的反应，那么双方互动就会形成良性循环，这对稳定婚姻至关重要。

爱情永远是充满未知的冒险。我们不知道在欧元这场“婚姻”的下一个20年里，欧洲人是否能够找到天长地久的爱情，但欧洲人尝试统一货币的“爱情故事”至少还会为人类社会的发展增添一丝浪漫的色彩。

（本文发表于2018年11月5日）

信任的代价

看综艺节目似乎并不是一件多么“高雅”的事，但我最近找到了一个特别“高雅”的理由——世界和平。新一期的《奇葩说》对于什么是爱情有一个令人印象深刻的描述：爱情就是拿出自己的心放在别人手里。心是一个人最柔软的部分，手则是最强壮的部分，所谓真爱就是要把自己最柔软的部分放到对方最强壮的手里。的确，爱情是一种高度的信任关系，爱情的本质恰恰在于，通过建立信任，双方把彼此的弱点暴露给对方，这也就把伤害自己的能力赋予了对方。

这就是“信任悖论”：信任给人以安全感，但为了得到信任，恰恰要使自己处于一种易受伤害的不安全状态。心理学对信任的定义也是如此，认为信任是指个体以对他人意图和行为的积极预期为基础，自愿使自己处于易被对方伤害的地位的一种心理状态。社会学家查尔斯·蒂利同样认为，信任就是将自己最宝贵的资产置于他人失信、失误和失败的风险之中。这些对“信任”的洞见对我们理解国际关系尤为重要，因为国家间关系中最缺的就是信任。

如果要选出一个极短的词汇，用来形容即将过去的2018年全球政治所呈现出来的纷繁复杂，那么“信任崩塌”应该能入围年度最佳。因为不少国家发现，他们之间“不能再爱了”。特朗普认为WTO不值得信任，打算退出；默克尔说不能再像从前那样信任美国，欧洲人要自己掌握命运；美国指责俄罗斯在军备控制上不讲信用，威胁废除《中导条约》；欧洲人怀疑来自海外的资本有战略目的，开始建立欧盟层面的外资审查机制；英国人已经“受够了”欧盟，终于在年底签署了“分手协议”。这些超出人们预期的国际大事件之所以发生，根源其实也很简单——信任不在了。

其实，所有国家都知道，国际合作的收益要远大于国际冲突，但信任的缺失甚至是“崩塌”往往使得很多国家仿佛被一股神秘的力量牵引，或有意或无意地心生芥蒂，不自觉地以最坏的恶意来揣测对方，最终导致激烈的冲突。国家间如何才能建立信任呢？从“信任悖论”出发或许能够找到一条路径，这也是欧洲国家在“二战”后重建信任的历史经验。

1949年，苏联成功地爆炸了第一颗原子弹，在接下来的1950年，朝鲜战争爆发，这让当时的西方阵营感觉苏联红军长驱直入西欧不再仅仅是可能，而是一种现实的威胁。由此，英美决心重新武装德国，动员德国的军事潜力来抵御来自苏联可能的军事进攻。但这一计划所带来的德国在军事上的重新崛起，无疑是法国人的一个噩梦，法国的应对之策是在1950年提出“舒曼计划”，倡议将两国的战争物资煤和钢置于共同的管理之下，实行煤钢联营。煤和钢是当时最为重要的战略物资，也是实现经济复兴最为宝贵的资产，两国其实是把自己最为“柔软”的部分置于对方的监管之下，把自己的“软肋”充分暴露给对方，由此，“信任”在德法这两个宿敌之间逐渐产生，煤钢联营也开启了欧洲一体化的进程。

欧元的诞生在某种意义上也是为了解决“信任”问题：如何保证重新统一后的德国不再重走霸权主义的老路，重蹈两次世界大战的覆辙。德国马克是德国经济繁荣的基石，是当时欧洲的主导货币，也是继美元之后的全球第二大储备货币，它无疑是德国最为宝贵的资产。法国人遵循了1950年“舒曼计划”中所蕴含的逻辑，将德国最为宝贵的资产——德国马克——置于欧共体成员国的共同管理之下，也就是建立货币联盟。

建立货币联盟一直是欧洲人的愿景和目标，从1988年开始法德就建立货币联盟问题开始了新一轮磋商，法国政府积极游说其他成员国同意其建立货币联盟的倡议。在当年6月举行的汉诺威欧共体首脑峰会上，决定委托时任欧共体委员会主席的德洛尔组织专家小组研究和制定出实现经货联盟的具体建议。在1989年6月欧共体国家通过了德洛尔提出的在20年内分三个阶段实现经济货币联盟的计划，史称“德洛尔计划”，但它并没有制定具体的时间表，即便是在1989年，货币联盟仍是一个遥遥无期的远期规划，没人相信它会很快实现。

1990年德国的统一打乱了“德洛尔计划”规定的进度和安排，极大地加快了货币联盟付诸实施的速度，这是因为德国的统一改变了整个欧洲的安全格局，欧洲国家害怕统一后的德国脱离欧洲一体化的轨道，威胁到整个欧洲的安全。与煤、钢一样，货币也是一种战争物资。主权国家垄断货币发行这一历史现象，起源并不在于货币的生产是一种自然垄断行业，由国家统一掌管可以产生规模经济的效应，或者说由私人发行货币在技术手段上存在不可逾越的难题，其关键在于货币发行与国防和安全是密切联系在一起的，国家需要保留这一垄断权力，以便在应对来自国内和国外的安全威胁之时，能够及时有效地、充分地动员和筹集各种军需资源和财富。

发动任何一场战争都需要货币来为战争融资，这就是为什么在历史上战争总是与通货膨胀如影相随。在丧失了货币发行权的情况下，发动战争基本上是不可能；反过来也可以说，如果不打算再进行战争，那么放弃货币主权也就成了一个具有可行性的选项。从这种意义上讲，放弃本国货币而改为使用集体管理之下的一种新的共同货币也就意味着一种声明和承诺：将本国的安全和防卫置于使用共同货币的成员国集体监督之下。

这就可以理解为什么在德国统一后的第一年，也就是1991年欧共体首脑就迅速签署了《欧洲联盟条约》（因为条约签署地为荷兰的马斯特里赫特，所以简称为“马约”）来成立欧洲联盟，并且其中关于货币部分的规定最为清晰明确，没有任何的含糊和外交辞令，还为统一货币定下了具体的时间表，要求所有欧盟成员都必须履行使用统一货币——欧元的义务。欧元的创建实际上超越了单纯的经济利益，本质是要求统一后的德国交出其最为宝贵的资产——德国马克，将自己的货币“软肋”暴露给其他欧洲国家，以赢得信任。

欧洲的经验当然有其特殊性——比如当时的冷战背景——不能简单地加以复制，但它提醒我们，信任是有代价的。我们都困惑于自己不被信任，都渴望被信任，但是当我们追求建立信任之时，首先要回答的问题是，我们愿意付出“信任的代价”吗？

（本文发表于2018年12月5日）

挑战美元主导地位，欧洲是认真的吗？

据欧洲媒体报道，近日欧盟将制定计划，在能源、大宗商品、飞机制造等“战略性行业”增加欧元的使用，以挑战美元地位。欧盟委员会还将发布具体的草案，以促使欧元能够扮演更加“强有力”的国际角色。欧洲是真的要挑战美元的全球主导地位吗？

至少从表面上看，好像是真的。比如，早在今年9月份，欧盟委员会主席容克就呼吁欧盟要提升欧元的全球地位。他认为，欧洲一年的能源进口费用总计3000亿欧元，但当中有80%是用美元支付，而欧洲只有2%的能源进口来自美国，这“实在荒谬”。容克还说，欧洲企业购买空客的飞机也是用美元而非欧元进行计价和支付的，也很“荒谬”。

此外，作为对美国退出伊核协议的回击和避开美国的金融制裁，欧洲还声称要创立一个欧洲支付体系，该体系将独立于目前美国占主导地位的SWIFT支付体系，以便用独立的欧洲支付体系继续同伊朗的商业往来。

向美元霸权发起挑战，欧洲人是认真的吗？

恐怕作势的成分更大一些。因为今天的欧元早已没有当年与美元“试比高”的勇气，在相当程度上已经融入了“美元体系”，与美元绑定，和美元成为“信用共同体”。

2013年10月31日，美联储、欧洲央行、瑞士央行、英国央行、加拿大央行和日本央行等全球六大央行同时宣布，把已有的临时的、有额度限制的双边货币互换协议转换成无限期、无限额并且涵盖六方的多边协议。

根据此协议，这六大央行任何一个都可在自己的司法辖区内以另外五种货币中的任何一种向市场提供流动性。这意味着，在主要发达经济体之间，一个长期、多边、多币种、无限额的超级储备货币网络编织成型。任何一种货币出现危机，遭遇市场的挤兑甚至“抛售”，其他五种都将提供无限的流动性支持。

这个网络的核心要义在于六种货币之间彼此的信用“加持”，让市场对它们的冲击变得不再可能，每一种货币由此都获得了抵御金融风险的“绝对安全”。

这个超级储备货币网络的形成，意味着美欧在货币问题上也达成了谅解，各自保持自己在国际货币体系中的现有地位，不再谋求向对方货币空间的“势力范围”进行拓展。

欧元的诞生具有强烈的政治目的，本质上是欧洲“去美元化”的过程，是要分享美元在全球货币体系中的霸权地位所带来的收益，要与美元一争高下。但2008年爆发的金融危机以及随后的欧债危机让欧洲人认识到，由于缺乏主权信用，没有坚实的欧元区统一财政，欧元其实只是一个“没有国家”的货币，自身的脆弱性要远甚于美元。而且，欧元的内在缺陷反而使得其稳定有赖于美元的支持，需要六大央行构成的超级储备货币网络。

如果欧洲人真的想挑战美元的主导地位，那么他们必须首先要有能力回答市场的疑虑：要放弃美元而使用欧元，凭什么让市场相信欧元比美元更可靠？这就要解决欧元的内在缺陷，让欧元有主权信用作为支撑，真正成为一个“有国家”的货币。

这需要欧元区在财政一体化上有突破性的进展，根本性地减少欧元对美元信用网络的依赖。否则，任何技术层面的修修补补，都无法打消市场对欧元的不信任。而想在所谓“战略性”产业中增加欧元的使用，就更是一厢情愿了。

（本文发表于2018年12月10日）

拉美版“欧元”能从梦想走向现实吗？

近日，阿根廷与巴西两国财长表示，南方共同市场国家——阿根廷、巴西、巴拉圭、乌拉圭四国将成立特别小组，评估未来四国统一货币的可能性。拉美版“欧元”正式进入了政策议程，这也是欧元之后全球第二个超主权货币计划，因此受到了国际舆论的普遍关注。

虽然拉美版“欧元”的设想在世界范围引发了政界和学界的广泛热议，但舆论的共识似乎对其前景并不乐观。因为参照欧元诞生的历史，在实施共同货币之前，还需要历经自由贸易区、关税同盟、单一市场等诸多阶段和进行各种复杂的制度安排。相比之下，南方共同市场国家显然还处于“初级阶段”，距离统一货币还很远；如果从当前主流经济学对欧元的理论分析来看，南方共同市场国家更是很难满足建立超主权货币所需的各项经济趋同指标和要求。

其实，上述看法很片面，在某种程度上是对欧元诞生的一种误读，自然也就不能对拉美版“欧元”的前景给出合理的预判。欧元是迄今为止最为成功的超主权货币，研判南方共同市场国家统一货币的计划能走多远，回顾欧元的理论和历史是很有必要的。

关于欧元问世的原因，主流的解释基本上都会归结到蒙代尔在1961年最早提出的“最优货币区理论”。蒙代尔在欧元诞生的1999年凭此理论获得诺贝尔经济学奖，这并非只是一种巧合，更应该是国际主流学术界对“最优货币区理论”解释力的一种认可，并把“欧元诞生”这一历史事件看作是为这一理论提供了完美证明，而国内更是有很多媒体称蒙代尔为“欧元之父”。“最优货币区理论”的核心思想是，如果一个区域内的生产要素能够自由流通，那么这个区域就是最优货币区，使用同一种货币是最有效率的。在这一理论中，“最优货币区”的边界和“主权国家”的政治边界是没有任何直接联系的，前者仅仅是一个地理概念，并不一定与后者重合。也就是说，“最优货币区理论”是把“政治”因素排除在外的，认为生产和交易成本最小化是向“最优货币区”演变的根本动力。

如果“最优货币区理论”的解释力足够大，那么据此可以推演出：如果一个国家疆域广大而且各地经济发展不平衡，那么在这个国家内部划分出不同的“最优货币区”，并让它们使用不同的货币，这个国家的经济发展就会更有效率。很显然，当今世界很少有主权国家愿意在本国内部允许多种货币共同流通。“最优货币区理论”论证了浮动汇率与生产要素自由流动之间存在的相互替代关系，这是它的一大贡献，并且据此描述了一种在技术上可行的理想状态（在最优货币区内使用同一种货币），但这种理想状态在现实中之所以很难找到对应，就在于货币的创建与国家主权之间的关系是密不可分的，“主权国家”往往在相当大程度上决定了货币流通的边界和势力范围，而非仅仅是生产和交易成本最小化。

为了能够证明欧元区国家是一个“最优货币区”，需要使用同一种货币，其实完成这一目标最有效率的经济手段莫过于当时各成员国首先放弃使用本国货币，统一改为使用德国马克，同时各成员国可以派出自己的代表加入德国联邦银行董事会，因为当时德国马克事实上是欧洲的主导货币，也是继美元之后全球第二大储备货币。直接使用马克比另外创建欧元所花费的成本要低很多，所承担的风险也小很多，但这在政治上明显是一个不可接受的选项。

在“最优货币区理论”的逻辑中，共同货币被看作是市场自身在私人部门追求交易成本最小化的动力驱动之下自然演变的结果，这一解释实际上是从“共同货币能带来经济收益”一步到位地直接推导出“共同货币产生”，而对将这两者联系起来的具体演化过程语焉不详。从这点讲，共同货币的“蒙代尔理论”更多的是为能否实施统一货币提供了一种理论上的评判标准，而对于现实世界中共同货币能够实质启动的“初始条件”“根本动力”和“实施机制”等具体问题缺乏必要的解释力。共同货币的“特里芬理论”则在这方面更胜一筹。

特里芬最为人熟知的是他对“二战”后美国主导下的布雷顿森林体系固有弱点的分析，这一思想主要体现在其1960年出版的《黄金与美元危机》一书中，并以“特里芬两难”闻名于世。但很多人忽视了特里芬的另一主要研究领域——地区货币一体化。特里芬是比利时人，所以对于欧洲货币的一体化非常热心，早在1957年他就在其著作中论述了欧洲统一货币的必要性，并且勾勒出了具体的路线图。他参与创建了战后欧洲支付同盟（EPU），并且参加了让·莫内组建的欧洲合众国行动委员会，担任其在欧洲货币统一问题上的顾问。1977年他提前从耶鲁大学退休回到比利时，将国籍从美国又改回比利时，全力投入到欧洲货币一体化的进程中，担任了时任欧共体委员会主席詹金斯的顾问。他认为对付美元霸权需要“胡萝卜”加“大棒”，“胡萝卜”就是统一市场，“大棒”就是共同货币。詹金斯于1977年在佛罗伦萨发表的关于重启欧洲货币一体化的演讲就是出自他之手，特里芬还参加了之后欧洲货币体系的建立，包括欧洲货币局首任局长亚历山大·拉玛法鲁斯在内的许多欧洲政治精英都深受特里芬“欧洲统一货币思想”的影响。从某种意义上说特里芬才是真正的“欧元之父”。

在特里芬看来，统一货币本身并不复杂，不需要在各个国家实现价格、成本、工资、劳动生产率和生活水平的完全统一，正如一个国家内部不同地区之间仍然会存在这些方面的差异一样；同时，统一货币也不需要成员国之间的预算、经济或者社会政策实现均等化和一致化。成员国具体政策的多样性是货币联盟内部的一个均衡因素而不是非均衡因素，只要这种差异与其经济结构、资源和劳动生产率相一致。统一货币之所以被需要或者能够出现，并不是市场自身的演变的结果，而是因为它是解决经济不平衡问题的方法，是一种特殊的工具。在各国货币完全可以自由兑换，并且推行自由贸易的条件下，一些国家的国际收支不可避免出现盈余而另一些出现赤字，一旦不能及时对这种失衡进行调节，那么当其规模累积到一定程度时，将会对整个世界经济运行造成巨大的破坏作用。而统一货币在本质上是建立一个多边的清算支付系统，以便更好地应对国际收支失衡。

在这一点上，特里芬实际上是继承了凯恩斯的思想。但调节国际收支失衡本身是一个财富和资源的再分配过程，涉及方方面面的利益权衡，是一个政治问题，所以特里芬认为实行统一货币的动力和障碍本质上都是政治。假设在建立欧洲联邦这样一个更为宏大的政治共识之下来推动货币统一，那么其实这一过程中所遇到的经济利益冲突都是可以通过合理的制度安排加以解决的。也就是说，统一的货币需要一个统一的政治框架作为保障才能成功。由此，特里芬很自然地得出结论：推动货币统一的根本路径在于国家间的共识和政策协调，关键在于政治。大量的文献研究已经证明，欧元区并非一个“最优货币区”，欧元首先是一项政治工程，欧元之所以能够诞生，成员国当时的政治考量是决定性的。

就像德国总理默克尔所说，欧元最重要的价值在于“使用同一种货币的国家间不会发生战争”。

回到本文的题目，拉美版“欧元”能从梦想走向现实吗？从共同货币的“蒙代尔理论”看，答案当然是悲观的，因为拉美四国之间生产要素的流动性和经济结构趋同指标还不能满足“最优货币区”的要求。但如果从共同货币的“特里芬理论”看，答案会多一点乐观，这其中的关键在于，拉美四国对南方共同市场未来发展的愿景是什么——仅仅是建立一个高水平的自由贸易区，还是愿意为某种统一的政治框架付出更大的努力？

（本文发表于2019年8月7日）

欧洲之于中国

EUROPE
TO
CHINA

欧洲之于中国

欧美“公平贸易”说辞不新鲜

最近以来，欧美国家在贸易投资领域的保护主义色彩愈加浓厚，许多举措更是或明或暗地指向中国。

法国、德国和意大利不久前联名致信欧盟委员会，认为欧盟应增强对外资收购的审查能力，可以有权否决“得到政府资金支持”或者“有针对性地对关键技术”的外国收购行为。欧洲舆论对此毫不讳言，认为这针对的就是来自中国不断增长的投资。美国也对中国启动了涉及知识产权的贸易调查。

欧盟和美国为自己的这些保护主义措施找到了“理论依据”——公平贸易，认为中国的商品和投资可以轻松地进入本国市场，而他们的商品和投资进入中国市场却很困难，这是“不公平”的。

“公平贸易”这套说辞其实并不新鲜，美国哥伦比亚大学教授巴格沃蒂在其《贸易保护主义》一书中描述了“公平贸易”的历史。

当英国在19世纪80年代面临美国、德国等新兴工业国的竞争之时，“保卫英国工业全国协会”“公平贸易协会”等企业游说组织纷纷成立，以“互惠”“对等”为旗帜，要求政府对竞争对手出台保护措施。到了20世纪80年代，曾经的“自由贸易”倡导者美国也开始改弦更张，以“公平竞争”“充分互惠”为由，对日本和欧洲发起制裁。

在巴格沃蒂看来，“公平贸易”者都抱有这样一种偏执假设：外国的市场都是封闭的，而我们的市场是开放的。巴格沃蒂对这种打着“公平贸易”旗号来打开他国市场的做法颇不以为然。他说，鼓吹公平贸易更能反映一个正在失去经济霸权的国家的心理情绪，这种情绪才是“公平贸易”带给全球经济增长最为致命的伤害，因为它带来了国家间的“猜忌”，把互利共赢的贸易往来看作是你死我活的军事拼杀。

早在1758年，大卫·休谟就发表了一篇名为《论贸易的猜忌》的文章，批评当时欧洲国家浓厚的保护主义气氛，为英国的商品和资本开拓海外市场提供辩护。休谟在文章中说，所谓“贸易的猜忌”，就是对别国的进步心存疑惧，把所有的贸易国家看作自己的对手，总认为别国的繁荣昌盛必然会使本国蒙受不利。

休谟认为因“贸易的猜忌”而实施的保护主义政策没有出路，实现繁荣之道的关键在于放下“贸易的猜忌”。他谈道：“作为一个英国人，我深信，如果英国和德国、法国等所有这些国家和睦相处，那么英国和这些国家就会更加繁荣昌盛。”

当前欧美国家针对中国所推行的“公平贸易”，其实在相当程度上是“贸易猜忌”的结果，这不仅对其自身经济的复苏无益，更会损害国家间的互信，成为全球增长的真正阻碍。

（本文发表于2017年9月6日）

从“新东方”政策到“新西方”政策

近日，美国贸易代表罗伯特·莱特希泽、欧盟贸易委员塞西莉亚·马姆斯特罗姆和日本经济产业大臣世耕弘成在欧盟总部所在地布鲁塞尔进行会晤。按计划，此次会议讨论的主题是扭曲国际贸易关系的行为以及钢铁等领域的全球产能过剩问题。但在特朗普发起“贸易战”的阴影下，欧、日借机争相要求“豁免”。

本月初，特朗普决定对美国进口的钢铁和铝全面征收关税，但正在和美国重谈《北美自由贸易协定》的加拿大和墨西哥将暂时获得豁免。马姆斯特罗姆和世耕弘成在此次会议上强烈要求莱特希泽对来自欧盟和日本的相关产品进行关税“豁免”，理由是他们都是美国“长期的安全伙伴”。

值得关注的是，此次美、欧、日三方贸易部长级会晤并非临时性安排，而是机制化的三边合作。2017年12月12日，在阿根廷举行的第11届世界贸易组织（WTO）部长级会议后，美国贸易代表莱特希泽、欧盟贸易委员马姆斯特罗姆和日本经产大臣世耕弘成就发表联合声明，谴责“扭曲市场的补贴”行为和包括强制性技术转让在内的其他政府干预所导致的“关键部门的严重产能过剩”问题。

在这次会谈中，三方除了“老调重弹”去年联合声明的主要内容外，还特别强调在应对“扭曲性贸易行为”方面深化信息共享，还要在G7、

G20、OECD的平台上以及全球钢铁论坛等其他政府间会议上密切合作。

美、欧、日在国际贸易政策中的这种加强彼此间协调与合作的做法，以及统一对外的立场，并非偶然，而是反映了近年来发达国家的政治精英们面对国际格局的深刻变化所采取的一种外交战略转向，这种战略转向可以称为“新西方”政策。

什么是“新西方”政策？德国联邦议会外事委员会主席吕特根曾在一次采访中谈论如何应对俄罗斯的威胁。他说，在讨论如何面对俄罗斯所带来的挑战时，人们总习惯说“我们”要如何如何，那么“我们”到底是谁？吕特根接着自己回答道，“我们”不是德国，也不是欧盟，“我们”是西方；目前需要的不是“新东方”政策，而是“新西方”政策。

众所周知，“新东方”政策是冷战期间德国政府在20世纪70年代后所采取的与苏联、东欧社会主义阵营国家发展外交关系的原则，核心手段是以合作代替对抗，以相互缓和来打破阵营间隔阂。吕特根借用历史上的“新东方”政策为参照，提出“新西方”政策，其核心要义就是以加强欧美日的团结和凝聚力为依托，以“西方集团”来对俄罗斯实施强硬政策。

吕特根的这种从“新东方”政策到“新西方”政策的转向，典型地体现了当前欧美国家在面对新兴国家的崛起和外部世界的挑战时越来越多地采取的“对抗性”思维——不是通过相互的沟通和谅解进行合作，而是力图使用欧美国家的整体优势进行压制。

此次欧盟和日本向美国要求关税“豁免”，实际上也是一次检验“新西方”政策成效的压力测试，展示一下这些“亲密的安全和贸易伙伴”之间的感情是否像他们常常说起的那样美好。

（本文发表于2018年3月20日）

欧洲的“隐形贸易战”

3月22日至23日，欧盟举行了为期两天的春季首脑峰会，在美国采取征收钢铝关税以及发动对华“贸易战”等保护主义政策的背景下，贸易成为此次峰会的重要议题。欧洲理事会在会后发布的公报中说，美国以“国家安全”为由征收钢铝关税是不合理的，这种“行业范围”的保护主义措施，并非解决产能过剩问题的合适办法。

欧洲获得美国钢铝关税豁免

欧洲对美国的这一“委婉”批评，是否意味着在这次特朗普发起的“贸易战”中，欧洲不会与美国联手向中国施加更大的压力？或者至少能够保持中立？

答案并不乐观。经过欧盟以及德国持续的“公关”，美国在最后一刻宣布将暂时豁免对来自欧盟国家的钢铝产品额外征收关税。但美国的“豁免”不是白给的，欧洲需要付出相应的代价。

美国贸易代表莱特希泽一直在牵头负责与各国谈判，以决定相关国家是否可以被豁免25%的钢铁进口关税和10%的铝进口关税。在关税措施正式签署生效前，欧盟一直在竭尽全力争取豁免。

上周，德国新政府的经济部长阿尔特迈尔和欧盟贸易委员马尔姆斯特罗姆先后抵达华盛顿与莱特希泽会晤，商谈“豁免”事宜。根据彭博社的报道，莱特希泽在谈判中列出了欧盟在获得豁免之前必须达到的五个条件。

这五个条件是：第一，欧盟之后对美国钢铝出口不得超过2017年的水平；第二，欧盟需要采取积极措施来应对各种“扭曲贸易”的政策；第三，在20国集团（G20）全球钢铁论坛上与美国积极合作；第四，与美国合作，在世界贸易组织（WTO）的框架下对“贸易扭曲”政策提起申诉；第五，加强与美国的安全合作。

很显然，美国想要借此把欧盟绑上其对华“贸易战”的战车，试图形成“统一战线”，对中国施加更大压力。

欧洲虽反对“贸易战”，但又希望“搭便车”

欧洲人对美国的这一策略心态复杂。一方面，欧洲人反对特朗普以保护主义的方式来处理国际贸易问题，认为这只会导致“两败俱伤”。比如，德国工商协会（IHK）的发言人哈弗斯在接受采访时就认为，特朗普发起的这场“贸易战”最终没有赢家，而德国无论是与中国，还是与美国的经济联系都非常紧密，更是不可能从这场贸易战中有任何“获益”。

另一方面，欧洲人又有“搭便车”的幻想。他们认为特朗普的保护主义政策虽然威胁全球贸易，但是欧洲必须避免激化与美国的贸易争端——只要特朗普没有专门针对欧洲开启贸易战，就应该向美国靠拢，借此与美国合作，共同向中国要求对等的市场准入待遇。

欧洲人认为当前没有必要跟随美国以实施高额惩罚性关税的方式来向中国施压，但欧洲支持特朗普要求对等开放市场的要求。与特朗普高调的“贸易战”不同，欧洲人的做法是进行“隐形贸易战”，即给中资企业在欧洲投资增加法律限制和提高监管门槛。

所以，在此次欧盟峰会发布的公报中，欧洲人“雄心勃勃”地宣布要继续实施强有力的贸易政策，在全球推行欧盟的标准，以寻求建立同一标准的竞技场。为此，欧盟国家首脑们敦促要加快在投资审查和公共采购领域的立法。

欧洲“隐形贸易战”也值得警惕

在中国企业越来越多“走进欧洲”的背景下，欧洲人的“隐形贸易战”同样值得警惕，特别是对欧美“合流”要未雨绸缪。

开放带来进步，封闭必然落后。这已经被人类发展的历史无数次印证。无论是特朗普高调的“贸易战”，还是欧洲人小心算计的“隐形贸易战”，都是力图用封闭的“对抗性”思维去解决开放型世界经济中的新问题，这注定没有未来。

（本文发表于2018年3月26日）

德国主导欧洲经济，靠能力还是运气？

人性之复杂也体现在对“运气”的矛盾立场上：虽然人人都希望自己有好的运气，但事实却是，人们往往又都自觉或不自觉地否认运气的重要性。罗伯特·弗兰克是美国康奈尔大学的行为经济学教授，他把捉摸不定的“运气”作为研究对象，在《成功与运气》一书中，他写道：在成功人士的字典里，没有运气这个词。因为没有哪个成功人士愿意把自己的“不平凡”归因于命运女神的垂青，他们更愿意激情洋溢地谈论自己的天赋与勤奋，以此来证明自己的所得都理所当然。如果说，成功者因担心承认自己运气好会失去别人的尊重而否认运气，还可以理解，但弗兰克的研究显示，失败者也总是否认运气，害怕如果承认运气的重要性，那就等于要直面残酷的现实——即便最不懈的努力也不能保证未来的成功，这无疑会让人丧失前进的动力和勇气。弗兰克发现，否认运气的重要性，虽然并不符合现实，却会激发成功所需的艰辛努力，反倒有时是更明智的选择。如果将国家“拟人化”，我们会发现，一些成功的国家也是如此——更愿意否认运气，比如德国。

今天的德国不仅是欧洲经济上最强的国家，还主导着欧洲的经济地理版图。以贸易为例，根据欧盟统计局的最新数据，2017年，几乎所有欧盟成员国最重要的货物出口市场都是另外一个欧盟成员国，也就是说，欧盟国家间的内部贸易是大多数成员国的贸易方式，但德国除外。德国的前三大出口市场中只有法国（第二大出口市场）是欧盟成员国，其他两个国家分别是美国（第一大出口市场）和中国（第三大出口市场）。具体而言，在欧盟的27个成员国中（德国除外），德国是其中17个国家最重要的出口市场，还是22个成员国排名前三的出口市场。比如，捷克货物出口的33%销往德国，奥地利29%，匈牙利28%，波兰27%，卢森堡26%。另外，南欧的意大利，北欧的芬兰、瑞典、荷兰，第一大出口市场都是德国。欧盟另外一个领导国——法国，最大的出口市场也是德国。很显然，欧盟国家的贸易对德国依赖程度很高。

但德国只有八千万的人口，市场规模有限，显然无法消化欧盟国家这么庞大的出口规模。那么这些出口到德国的商品最后都到哪里去了？我们可以从统计数字中寻找答案。德国虽然国内市场不大，但却是全球贸易大国，德国联邦统计局的数据显示，2017年，德国货物出口和进口额分别为12794亿欧元和10346亿欧元，顺差2449亿欧元，成全球第一。其中，德国对其他欧盟国家货物出口7500亿欧元，进口6825亿欧元，对欧元区其他国家出口4714亿欧元，进口4594亿欧元，对欧盟外国家出口5294亿欧元，进口3521亿欧元。从贸易结构上看，德国从欧盟其他国家进口的多是工业原材料和中间产品，而出口的主要是工业制成品。也就是说，来自欧盟其他国家的出口经过德国的再加工，一部分重新回到欧盟国家，另一部分出口到世界其他国家。在这个贸易循环中，德国扮演着欧洲贸易资源整合者的角色，是欧盟贸易网络的中心。

如果追踪欧洲的资本流动方向，也会发现同样的轨迹。德国通过强大的工业竞争力，以贸易顺差的方式让欧洲实体经济中的资本流向德国，同时德国又可以在国际资本市场上大规模、低成本地吸纳金融资本，然后再以资本输出的方式将巨额资金“二次分配”到其他欧盟国家，对欧盟其他成员国进行直接投资和证券投资。在欧洲的这种资本循环中，德国始终掌控着欧洲资本流动的规模和流向，实际上扮演着“欧洲银行家”的角色。德国对欧洲贸易网络和资本网络的掌控，是德国今天之所以能够主导欧洲经济的关键，也是德国在欧洲不断增强的政治影响力的来源。

德国的成功是怎么来的呢？前财长朔伊布勒说，德国经常账盈余是因为德国企业竞争力强；德国央行行长魏德曼则说是其他欧洲国家竞争力落后。总之，这一切肯定不是天上掉馅饼，而是因为德国人的勤奋和天赋。但这不是真相的全部，其实，德国经济的成功很大程度源于欧元的诞生。

欧元让德国享受到“双重优势”。第一，欧元的汇率是依据各成员国的经济权重来确定的，德国的权重与比其弱小的成员国权重相互加权对冲之后，德国实际享受到了比马克时代更为“便宜”的汇率，欧元的使用相当于马克“自动贬值”，这自然有利于德国的出口。第二，其他成员国无法再通过本币贬值的方式在市场竞争中获取对“德国制造”的优势，这让原本就有很强竞争力的德国工业很快在欧洲统一大市场占据了压倒性优势。原本能够实现国际收支平衡或者对德国有顺差的国家，在欧元启动之后很多都变成了对德逆差，德国贸易顺差的一半以上都来自欧盟内部，并且这一份额在欧元引入之后一直增长迅速，在全球金融危机爆发前的2007年达到顶峰。从2001年到2017年，德国积累了约3万亿欧元的顺差。

强劲的出口让德国经济很快走出20世纪90年代的颓势，赢得了国际资本市场的信任和青睐。德国国债受到追捧，收益率下降，这意味着德国可以以非常低的成本来融资，特别是2009年欧债危机爆发后，德国成为资本的避风港，进一步拉低了德国的利率水平，德国的融资能力在危机中被大大增强了，德国十年期国债利率在欧债危机期间长期处于2%以下，如果不考虑通货膨胀的因素，相当于德国基本可以“免费”从全球借钱。2012年5月，德国更是首次以零利率发行了价值50亿美元的两年期国债，如果将通货膨胀考虑在内，这意味着有太多的投资者为了竞争到借钱给德国的机会，不仅放弃利息收益，还要“倒贴”给德国人钱。根据德国央行的计算，因为借款成本下降，2008年以来，德国仅利息支出就节省近2400亿欧元。国家层面的这种融资能力体现在经济微观层面就是企业对资本的掌控力，德国企业的融资能力远超其他成员国企业，比如在欧债危机期间，一笔五年期以内的100万欧元的贷款，西班牙企业需要支付6.5%的利息，意大利企业是6.24%，而德国企业仅需4.04%。德国企业的融资能力可见一斑，让其他欧盟成员国企业在市场竞争中明显地处于不利境地。

欧元又是怎么来的呢？对德国而言，欧元的顺利诞生，相当程度要归功于好的运气，而这个好运是法国人带来的。1978年3月，时任法国总统的德斯坦向当时的德国总理施密特提议，在欧洲建立一个稳定的货币体系。德斯坦提出这一建议主要想解决三个问题。首先，在整个70年代，法郎很不稳定，屡次受到来自资本市场的冲击，法国希望通过建立一个欧洲范围的货币体系使法郎能够有效避免来自外部的冲击。其次，在“大通胀”的1970年代，许多欧洲国家主动将其汇率与币值稳定的德国马克挂钩，这让马克成为欧洲货币的天然领导者。法国希望在欧洲建立一个更为对称的货币体系，能够平衡和约束德国人手中不断扩大的“货币权力”。最后，由于美元的不稳定，德斯坦想在美元和欧洲国家货币之间建立起一道“防火墙”，从而达到隔离美元风险的效果。德国接受法国的建议，1979年3月13日，欧元体系的前身——欧洲货币体系正式启动。

让法国始料未及的是，欧洲货币体系非但没有约束德国的“货币权力”，反而大大强化了德国的影响力。欧洲货币体系变成了事实上的“马克区”，法国将马克形容为德国的“核武器”。时任法国总理的巴拉迪尔认为“在这种情况下，我们必须找到一种新的制度”，确保法国能够在由德国单独掌控的欧洲货币事务上发出自己的声音，并且拥有否决权。从1988年开始，法德就建立货币联盟问题进行了新一轮磋商。1990年德国的统一极大地加快了货币联盟付诸实施的速度，这是因为德国的统一改变了整个欧洲的安全格局，两次世界大战的教训在前，欧洲国家害怕统一后的德国脱离欧洲一体化的轨道，威胁到整个欧洲的安全。如何才能避免历史重演呢？发动任何一场战争都需要货币来为战争融资，在丧失了货币发行权的情况下，发动战争基本上是不可能的；反过来也可以说，如果不打算再进行战争，那么放弃货币主权也就成了一个具有可行性的选项。从这种意义上讲，放弃本国货币而改为使用集体管理之下的一种新的共同货币也就意味着一种声明和承诺：将本国的安全和防卫置于使用共同货币的成员国集体监督之下。以法国为首的欧洲国家向德国施压，要求德国放弃已是全球第二大储备货币的马克，共同创建欧元。所以，欧元的诞生与法国用“货币换安全”来约束德国的策略是密不可分的。

那么法国成功了吗？可以说“是”，因为今天的德国已如法国所愿，完全地融入欧洲一体化的框架之中了；但也可以说法国失败了，因为欧元数倍地“放大”了德国的工业竞争力，导致“欧洲的德国”正在成为“德国的欧洲”，这肯定不是法国的初衷。德国的工业竞争力毋庸置疑，可是如果没有当年德斯坦的提议，没有柏林墙的倒塌，没有法国为避免欧洲战火再起，而要约束“再次统一”的德国的“苦心孤诣”，很难想象会有欧元的诞生，也就不可能有今天“权倾欧洲”的德国。弗兰克说他之所以要研究“运气”，是因为运气可以放大、累积一个人的优势，造成赢者通吃的局面。而成功人士往往低估了运气对他们成功的作用，因此他们不愿支持对每个人的成功都必不可少的公共投资，过分强调个人努力。这会形成一个刻薄的社会环境，至少是对弱者的冷漠。这也正是今天之德国对待其他欧盟成员国的做法，认为自己的成功理所当然，其他国家所要做的就是提高自身竞争力，不应对德国有任何期待。弗兰克说，承认运气好会让人们变得更加慷慨，进而收获更多的尊重，也就越容易受到幸运女神的眷顾。我们可以接着往下看，德国是否会花光所有的好运。

（本文发表于2018年5月5日）

美国为何向“亲密盟友”征关税？

美国宣布从6月1日起开始对进口自欧盟、加拿大与墨西哥的钢铝分别征收25%和10%的关税。此举无疑是将复苏中的全球经济置于巨大的不确定中。

美国的单边主义行为引发了强烈的反响。德国总理默克尔说，美国对从欧盟进口的钢铝征收附加关税是不合法的，这会导致贸易壁垒升级的危险，这种升级最终会伤害所有的人。默克尔也强硬表示，欧盟准备好“采取适当的反制措施”。

法国总统马克龙也毫不客气地直接批评美国，认为无论从哪个角度考虑，这个决定都是错误的，它会导致全球经济失衡。马克龙还进一步“上纲上线”地认为美国是在经贸上搞分裂、制造经济民族主义，这无疑是最糟糕的方式，因为民族主义会导致战争。

墨西哥政府也在第一时间表示将对钢板、灯具、猪腿、香肠、苹果、葡萄和不同类型的奶酪施加惩罚性关税，直到总额与美国关税的损失相同。

加拿大总理特鲁多则表示，美方的决定是完全不能令人接受的，加拿大已经决定对美国征收惩罚性关税。

美国的巨额贸易逆差是一个结构性问题，既与全球价值链密不可分，也与美元作为全球储备货币的国际地位相关。因为美国的贸易逆差是一种向全球提供国际货币的方式，简单征关税的方式并不能解决问题。而贸易保护主义实质上是“杀敌一万，自损八千”，是双输，美国自己也会损失很大。何况欧盟国家和加拿大又是美国的“亲密盟友”，为什么美国要一意孤行呢？

这要回到特朗普对外经济政策理念的起点。特朗普之所以较前任更加强势地从“自由贸易”转向他所谓的“公平贸易”，是因为他觉得美国“吃亏了”，而“吃亏”的根源在于美国的市场比其他国家更开放。所以，特朗普认为解决之道在于逼迫其他国家向美国开放市场。为了达到这一目标，通过威慑来施加压力是关键。

那么如何才能让威慑起作用呢？就是向一个国家发出威胁，如果它行为不当，就将遭受惩罚，最重要的是向对方非常清晰地传递出一个信号，让对手相信，这一威胁是可信的。如果对方相信了，那么就不用担心这一威胁真正付诸实施时自身也将遭受伤害。因为当对手相信了你的威胁，对手会先屈服，而不会等到威胁真正到来。

美国的此次征税，并且朝自己的“亲密盟友”下手，就是想向全世界发出一个信号——我的威胁是可信的。游戏已经开始，全世界准备好了吗？

（本文发表于2018年6月1日）

告别天真——欧洲投资审查体制之变

“天真”是一个略显尴尬的词汇，人们大都希望自己周围的社会网络能够多保留一份天真，可一旦自己被形容为“天真”，又总会不自觉地产生一丝难以名状的抗拒，如果对政治人物称以“天真”，那就更是近乎有辱人格的贬损了。无怪乎近来欧洲的政治精英们纷纷表示要告别“天真”。

欧盟委员会主席容克在2017年9月的国情咨文演讲中宣称：“我们不是天真的自由贸易主义者，欧盟必须一致保护自身的战略利益，因此我们提议建立一个新的欧盟的投资审查框架。”容克解释了原因，他说，如果一个外国的国有企业想要购买欧洲的港口、欧洲的能源基础设施或者国防技术公司，那么这个过程必须透明，要有审查和辩论。“得知道我们的后院在发生什么，从而可以在必要的时候保护我们共同的安全，这是一项政治责任。”在容克之前，法国总统马克龙在同年6月的欧盟峰会上就曾强势表态：“我支持自由贸易，但我并不天真。”他主张在欧盟层面设置外资投资监管机构，以“保护欧洲企业应对不公平的竞争”。德国经济部对外经济司司长文德林在今年4月接受媒体采访时透露，欧盟的外资收购审核机制有望在今年年底出台。他也主动与“天真”划清界限，他说，我们欢迎外国投资，但是我们也不会太天真。

欧洲的这些政治人物为什么“集体”告别“天真”？作为不再“天真”的标志，他们反复强调的要在欧盟层面建立对外国直接投资的审查框架（EU framework for investment screening）到底剑指何方？背后的真实考量又是什么？

在2000年之前，中国对欧盟的直接投资是非常少的，每年的投资流量都在2000万欧元以下，几乎没有超过100万欧元的项目。随着中国企业国际竞争力的提升，特别是在欧债危机的背景下，欧洲制造业的优质资产成为“价值洼地”，受到越来越多中国投资者的青睐。根据彭博社的统计，从2008年至今的10年间，中国在欧洲购买或投资了至少3180亿美元的资产，比在美国的投资多出了45%。但中国企业对欧洲人工智能等高科技领域，以及电网、港口等基础设施的收购，引发了欧洲人的疑虑。2017年2月，德、法、意三国政府就联名致信欧盟委员会，建议在欧盟层面建立外资审查制度，防范欧洲的核心高科技企业被收购。三国在建议中特别强调，如果非欧盟投资者的收购不符合市场经济原则，比如背后有政府的战略指引、收购资金有政府支持等，欧盟就应该进行干涉。作为回应，2017年9月13日，欧盟委员会主席容克在欧洲议会的国情咨文中提出了相关提案，拟设立审查外国对欧盟的直接投资的制度框架。

根据该立法提案，欧盟委员会将被授权基于公共安全和公共秩序的原因审查特定的外商投资项目，欧盟委员会有权要求成员国提供审查程序所必需的任何信息。欧盟委员会虽然没有权力直接否决相关交易，但可以向成员国提出意见，成员国有义务听取欧盟委员会的审查意见，如不同意，则需要提供合理解释。欧盟委员会有权审查的领域涉及面非常广泛，其中包括被欧盟立法涵盖并与关键基础设施、关键技术或关键原材料有关的交易，比如卫星项目、欧盟地平线2020计划项目下的研发领域（尤其是微电子和纳米电子、光电、纳米技术、生物技术、新材料与先进制造系统），以及运输、能源和电信基础设施。

在欧盟28个成员国中，目前仅有12个成员国建立有外商投资审查体制，欧盟委员会的立法提案并不要求成员国必须建立审查外商直接投资的机制，但是该提案明确成员国有权审查符合特定标准的外商直接投资，并且为成员国实施审查的范围制定了一份建议清单：关键基础设施，包括能源、运输和通信行业以及数据存储；关键技术，如人造卫星、机器人和网络安全；关键原材料的供应安全；敏感信息的获取与控制。提案还特别说明，在直接投资的相关交易中，如果外国投资者是国有企业或者是为国家所实际掌控的企业时，那么成员国政府尤其要注意投资是否涉及清单中所列举的领域。无论这一提案最终是否能够得以通过，欧盟及其成员国加强外国直接投资的审查是大势所趋，欧洲的“天真”已经是一去不复返了。

很明显，中国是欧盟酝酿中的“外国直接投资审查框架”的一个重要针对目标。但欧洲人显然是用过度政治化的有色眼镜来看待中国对欧洲的投资。其实，“延伸价值链”是中国企业投资欧洲最主要的动因，这与中国在特定的国际分工背景下的发展模式密切相关。中国主要是通过加工制造业嵌入国际生产网络而参与国际分工并获得产业发展的，这也是中国融入全球经济、参与全球产业链的主要方式，但是中国参与的部分位于全球产业价值链的底端，并没有主导整个产业链，所以，中国企业很难开展将自身优势产业进行海外转移的对外投资。在经过了几十年的发展和积累之后，许多企业随着自身实力的增强具备了向价值链顶端攀升的能力，同时随着中国国内产业结构的调整以及随之而来的产业升级的压力不断增大，许多中国企业将对外直接投资的目光转向了欧盟这样的发达经济体，希望能够进军具有高附加值的上游价值链和建立自己掌控下的销售网络。从“延伸价值链”的视角出发，就不难理解为什么中国企业会对欧盟这样的发达经济体进行直接投资，并且偏好自己并没有竞争优势的现代服务业和高端制造业。这是一种合乎市场原则的企业行为，而非藏有政治目的的国家战略。

欧洲是中国最为重要的技术来源地，中国企业对欧洲的投资有利于自身的技术进步和产业升级，那么化解欧洲人的疑虑就变得非常重要。一个可能的切入点是加快中欧双边投资协定的达成。当前，中美和中欧之间都在进行双边投资协定谈判，美欧之间在试图重启TTIP（跨大西洋贸易与投资伙伴协定），这三大经济谈判将决定中美欧大三角的权力关系以及未来的全球经济格局。相比美国，欧洲对中国的“战略恶意”和地缘政治考量要弱一些，如果中欧双边投资协议能先行一步，那么可以大大缓解来自欧洲的压力，会促使欧洲逐渐成为中美博弈的“旁观者”甚至是“调解者”，并且其示范作用还会对美国等其他西方国家产生压力，起到杠杆作用。所以，有必要重新审视中欧双边投资协定的谈判清单，加快谈判进程。

（本文发表于2018年6月5日）

欧债危机10周年，又要卷土重来？

最近几个月以来，出于对意大利大选后政局不稳和民粹政府上台执政的担忧，意大利国债遭到市场的大规模抛售，十年期国债收益率一度升破3%关口，为四年来首次，国际对冲基金做空意大利债券的赌注也升至2008年欧债危机以来少有的高位。国际舆论普遍担心，是否会像当年希腊引爆危机一样，此次意大利也会导致欧债危机在10年之后卷土重来？

如果只看短期，简单的回答是，不会。更为谨慎一点的回答是，危机爆发的概率低。这其中最为重要的原因在于，意大利经济或许还和10年前一样“烂”，但欧盟防范和应对金融危机的“防火墙”已经今非昔比。

这道“防火墙”中含金量最高的地方是欧洲央行角色的转变。如今的欧洲央行已经突破了将稳定物价作为唯一最高货币政策目标的限制，开始承担“最后贷款人”的职责。做空欧元资产的投机资本现在要面对的是具有无限“弹药供给”的欧洲央行“火箭筒”，而不再是单个财力有限的欧元区国家政府。

这一转变的标志就是，当年欧债危机达到最高潮之际，欧洲央行行长德拉吉在2012年7月26日伦敦投资研讨会上那句著名的政策宣誓——

“欧洲央行将采取一些必要的措施来维护欧元，相信我就行。”当时全球各大媒体对这句话如获至宝，纷纷将“欧洲央行将全力拯救欧元”作为头条。

其实当时德拉吉后面的一句话更重要，他说：“只要陷入危机的国家的国债风险溢价干扰了货币政策，这就属于我们（进行干涉的）权限范围。”其潜台词就是，欧洲央行“巧妙地”改变和扩大了欧盟条约对“货币政策目标”这一定义的解释，在“欧元区成员国国债利率上升”和“欧洲央行货币政策”之间建立了法理逻辑。

以前成员国的“国债利率”与欧洲央行的“货币政策”之间没有必然的联系，前者由市场自发形成，后者是货币当局的政策行为。货币政策不应干预由市场形成的国债利率，同时货币政策的制定也不应以国债利率变动为主要基础。

但德拉吉的讲话意味着一个“新逻辑”：过高的国债利率影响货币政策执行，所以过高的国债利率属于货币政策考虑的对象，是货币政策目标的一部分。既然是货币政策目标的一部分，那么欧洲央行干预国债利率也就是在执行货币政策，是合法的。这样一来就在欧洲央行的货币政策与成员国政府的财政之间建立起了一种机制，相当于欧洲央行“自己赋予了自己”干预欧元区政府财政的法理依据。

“新逻辑”大大扩展了欧洲央行“货币政策”的范围和内涵，意味着欧洲央行可以以维护金融稳定为由向成员国“融资”。这是对欧盟条约的根本性改变。

德拉吉的“新逻辑”得到了德国政府的有力支持。德国总理默克尔曾说：什么是货币政策？货币政策就是欧洲中央银行首先有责任为国家和国家的经济提供资金。市场显然解读到了默克尔和德拉吉讲话中所体现出的欧洲央行角色的变化，这是当年欧债危机得以平息的根本原因。

有欧洲央行“兜底”，那么欧洲人是否就可以将意大利潜在的金融风险抛之脑后呢？听一听英国央行前行长默文·金的告诫仍是有益的。他说，金融危机的第一规律是，不可持续的发展势头持续的时间可能超过任何人的预期；金融危机的第二规律是，当不可持续的发展势头走向破灭的时候，其发生的速度也远远超过人们的预期。

（本文发表于2018年6月7日）

中欧合作迈出关键一步

6月25日，第七次中欧经贸高层对话在北京举行，刘鹤副总理在之后与欧盟委员会副主席卡泰宁共见记者时的讲话中表示，双方充分肯定中欧投资协定谈判取得的积极进展，争取在第二十次中欧领导人会晤期间交换清单出价。欧盟委员会在发布的公告中也确认，双方将在中欧领导人会晤期间交换市场准入出价。

2013年11月，中欧双边投资协定谈判启动，至今已经进行了17轮谈判。双方交换市场准入清单是谈判迈出的关键一步。按照欧盟委员会的说法，这将为“中欧全面投资协定注入政治推动力”。

当前美国的单边主义政策使得全球多边经贸体系面临严峻的挑战，为复苏中的世界经济蒙上了一层厚厚的阴影。更令人担忧的是，虽然欧盟一直声称不会站在任何一方或任何国家一边，唯一支持的就是以规则为基础的贸易，但在实际的政策实践中，却往往是与美国更多地协调一致。

2018年5月31日，美国贸易代表罗伯特·莱特希泽、欧盟贸易委员塞西莉亚·马姆斯特罗姆和日本经济产业大臣世耕弘在巴黎举行了三方会谈。在此次会议上，美日欧三国贸易官员讨论了产业补贴、技术转让与第三国非市场导向政策等问题，并共同签署三份联合声明——关于制定更强有力的产业补贴规则的联合声明，关于技术转让政策的联合声明，以及关于市场导向条件的联合声明。

这三份联合声明的指向其实是非常明确的。比如在市场导向条件的联合声明中，美日欧共同认为，第三国非市场导向的政策是造成产能过剩、不公平竞争、阻碍科技创新以及破坏国际贸易规则的原因，所以，三方试图重新定义什么样的企业经营活动才是符合市场经济的行为，并重新规范企业市场行为的认定标准。

为了落实这三份联合声明所达成的共识，三方还制定了时间表，计划在2018年底完成各自内部的相关程序，以启动制定关于产业补贴和国有企业新规则的谈判。

在“大西方”试图重写国际经贸规则的背景下，此次中欧经贸高层对话推动中欧投资协定谈判取得实质性进展的努力显得尤为重要，它向世界展示了中欧双方维护现行国际经贸秩序的政治决心。正因为如此，卡泰宁也坦率承认，如果毫无作为，“多边经贸环境就会消失”。

“大西方”并非毫无间隙，比如在贸易政策上，特朗普政府认为WTO缺乏效率，无法应对经济全球化出现的新问题，试图推倒重来，而欧盟则认为，虽然WTO有缺陷，但是通过修补漏洞和完善机制，WTO仍是实现全球贸易治理的最佳途径。这显然与中国的立场更为接近。

世界转型过渡期，欧盟仍是需要并且能够争取的一支力量。

（本文发表于2018年6月29日）

美国如何打造“贸易新世界”

1939年9月1日，德国向波兰发起军事进攻，第二次世界大战全面爆发。仅仅过了10天，美国第一夫人埃莉诺·罗斯福就在9月11日的《华盛顿邮报》上呼吁：“世界最终要为和平而重塑，让我们祈祷这一次我们有足够的力量和眼光来设计一种更为持久的和平方式。”这代表了当时许多美国上层人物的普遍看法：不能重蹈“一战”后巴黎和会的覆辙，而是要抓住战争带来的“第二次机会”，让美国真正成为战后世界秩序的领导者。

而在大洋彼岸的另一端，英国人虽然正在全力投入与德国人的战争，但仍然非常警惕地四处搜寻着对这个“日不落帝国”主导下的世界秩序哪怕一丝丝的威胁，他们也立刻敏锐地觉察到，大西洋对岸这个未来的超级大国对战后世界秩序有了不同于自己的新理念和新设想，而这些对战后世界的新思维将很可能会从根本上动摇已经因战争而变得岌岌可危的大英帝国的霸权地位。一方是日渐没落、疲态尽显，但仍旧志在千里的老牌帝国；另一方则是国力强盛、野心勃勃的后起之秀。两者之间的较量，逐渐拉开了帷幕。

美国首先要打掉的，就是大英帝国的贸易特惠制。1932 年 7 月至 8 月，英国、加拿大、澳大利亚、新西兰、南非联邦（今南非共和国）、爱尔兰、纽芬兰（今隶属于加拿大）、印度和南罗德西亚（今津巴布韦共和国）等在加拿大首都渥太华召开了一次帝国经济会议，史称“渥太华会议”，正式建立起了帝国内部的特惠关税制度，即“帝国特惠制”。该制度对帝国内部各成员国的商品彼此降低税率、免税以及给予数量上的优惠；对来自帝国外的同类商品则提高进口关税或加强进口控制。这样一来，大英帝国内部逐渐形成了一个内部市场，而对外部则实施歧视性贸易政策，通过提高关税和配额限制使得外部商品很难进入。

这就与美国的利益产生了严重冲突，因为英国用“帝国特惠制”牢牢限制住了这个已经是世界上最为强大的制造业国家的出口能力。美国国务卿赫尔将“帝国特惠制”形容为“这是自我任职以来用商业方式强加于我国的最大伤害”，当英国在战争中苦苦挣扎之时，赫尔察觉到机会来了。

1941年8月，英国首相丘吉尔和美国总统罗斯福在大西洋的军舰上举行会谈，助理国务卿韦尔斯作为罗斯福的助手一同参会，罗斯福原本是想把会谈的中心放在英美合作共同抵抗法西斯国家的侵略上，而韦尔斯抓住这一机会，在起草作为双方联合宣言的《大西洋宪章》时，在第四条特别加入了消除歧视性进口限制和获取平等的市场准入机会的相关内容，直接剑指“帝国特惠制”。韦尔斯的态度非常坚决，表示“这不是一个措辞问题，而是非常严肃、重要的原则问题。如果英美两国政府不能就战后建立自由、开放的贸易体系达成共识，还不如直接投降”。丘吉尔当即拒绝，要求对第四条进行修改。罗斯福为了尽快发表联合宣言，向外界传达英美合作一致的决心，对丘吉尔作出了让步，在第四条中增加了“尊重现有义务”这样一个前提条件（也就是要保存特惠制），同时删除了“歧视性进口限制”和“市场准入机会平等”这样的表述。

第一次“正面交手”失败后，赫尔并没有放弃，在国务院领导的与英国就具体实施《租借法案》而进行的英美《互助协定》谈判中，继续向英国施压，坚决要求英国接受《互助协定》第七条，也就是消除“歧视性贸易”，并且国务院非常清晰地向英国人解释，所谓“歧视性贸易”就是指英国的“帝国特惠制”。

美国国务院将“废除帝国特惠制”与《租借法案》挂钩，认为这是美国援助英国所必须得到的回报。在1941年12月丘吉尔访问美国期间，国务卿赫尔亲自向丘吉尔提出要求英国尽快接受第七条，但被丘吉尔拒绝。赫尔最后说服罗斯福总统亲自敦促丘吉尔。1942年2月，罗斯福发电报给丘吉尔，要求其接受第七条。此时正值英国在东南亚遭受重大军事失败，日军占领英国苦心经营多年的新加坡，丘吉尔痛心地称之为“英国历史上最惨痛的灾难、规模最大的投降”。在这样的情形下，美国的支持和援助对英国而言显得更为至关重要，在罗斯福承诺美国也将相应地削减自己的关税的条件下，英国政府被迫接受了第七条。

随着“二战”进入尾声，1945年英美两国启动了建立战后国际贸易体系的实质性谈判，英国政府为了争取美国贷款，与美国还在进行《英美财政协定》的谈判。在财政压力之下，英国最终与美国达成针对特惠制的三项条款：第一，英国与其自治领地的现有协定不应阻碍对特惠关税的调整；第二，降低和削减特惠关税；第三，不得在任何情况下提高特惠水平或增加特惠内容。美国人认为这三条足以在实质上瓦解“帝国特惠制”。

《英美财政协定》还有一个重要内容是，美国向英国提供贷款，但前提条件是英国必须在1947年7月15日前实现英镑的自由兑换。这主要是为了拆除“英镑区”。英国在英联邦国家建立的英镑区实际上是一个封闭的金融集团，英镑区成员都必须将自己的美元和黄金储备放在英国政府指定的银行，不能自由支配，导致英镑区的成员在用美元购买美国的商品时受到诸多限制。这在美国人看来，英国是在故意地抑制和限制全球对美国商品的需求，英镑区的存在无疑就像一个巨大而坚固的堡垒，让美国商品的扩张止步城下，无法再前进一步。这也是为什么美国将拆除“英镑区”列为其优先目标。

1947年，包括中国在内的23个国家参加了日内瓦会议，进行关于战后国际贸易体系的谈判，与会国在1947年10月30日签署了《关税和贸易总协定》和《临时适用议定书》，并于1948年1月1日生效。虽然在英国的坚持下，“废除帝国特惠制”没有写入最终的协定文本，大英帝国的“尊严”在形式上得到保全，但是美国一直主张的“非歧视性原则”主导了《关税和贸易总协定》，成为战后国际贸易体系的根本原则，而这正是美国竭力倡导和推广多年的核心贸易理念。

随后，在《关税和贸易总协定》这一平台上进行了一系列各国相互削减关税的多边行动，“帝国特惠制”被淹没在自由贸易的洪流中，最终寿终正寝。拆掉了大英帝国，美国终于实现了多年的夙愿——美国商品可以自由进入世界上的任何一个市场。美国坚信，只有打造一个开放的世界经济，美国的全球竞争力才能得到充分释放，美国才能真正超越大英帝国这个老对手。

历史的魅力在于能够在迷茫彷徨之时给出方向感，即便这个方向有时未必正确，但却足以给人重新探索未知的勇气。特朗普反复无常的对外经济政策正在引发全球经济动荡，令国际市场无所适从，全世界都想知道，特朗普究竟想要什么，美国看似杂乱无章的政策信号背后，是否存在始终如一的行为逻辑。重温美国拆掉大英帝国的这段历史，或许会让我们有一个答案。

（本文发表于2018年7月5日）

为什么特朗普总是“敲打”德国?

7月12日，为期两天的北约峰会在布鲁塞尔落幕。与去年在峰会上指责德国人（持有巨额贸易顺差）“很坏”如出一辙，特朗普再次将矛头指向德国，称德俄两国的天然气协议让德国政府被俄罗斯“完全控制”，成为俄罗斯的“俘虏”。

为什么每次北约峰会，特朗普总是先要拿德国开刀，进行一番“敲打”呢?

因为德国变了。当前欧盟深陷多重危机，正面临“二战”以来最为严峻的挑战。但作为欧盟核心成员的德国，国际地位却“逆势上扬”，默克尔甚至被西方媒体称为“欧洲最后一位还站着的领导人，有责任代表过去70年里我们所知道的那个西方发言”。

德国也一改过去对谋求欧洲领导权的暧昧和克制态度，以主动的姿态“领导欧洲”。德国总统施泰因迈尔曾说，欧盟在国际舞台上有能力扮演更为强大的角色之前，德国要竭尽所能，坚定地维护整个欧洲的利益。

这意味着，德国外交政策的取向正在悄然改变，“欧洲优先”逐渐成为德国外交的核心理念。这种改变是怎么发生的呢?

德国外交政策的制定是两股力量达到均衡状态的结果：经济全球化

与欧洲一体化。

一方面，德国强大的工业竞争力和对外高依存度的经济结构，使德国相较其他欧盟成员国更有能力和意愿在全球市场配置资源，尽可能地规避欧洲一体化框架的限制来获取国际市场的份额。

另一方面，基于两次世界大战的“不光彩”历史，德国主动融入欧洲一体化的进程中。这不仅让德国经济受益，更是德国体现其政治信誉的一份“投名状”，是德国安全利益的根本所在。

但经济全球化和欧洲一体化所带来的利益并非一直都能相辅相成，而时常会尖锐对立。因此，德国又必须克制自己在世界市场追求“得自贸易的收益”的冲动，维护欧盟整体对外战略的可信性。德国外交政策向来是要在这两者间找到一个均衡点，所谓“执两端，庸其中”，尽量左右逢源，最大化地享受两者带来的好处。

如果将欧洲一体化带来的政治利益定义为德国外交政策的“左边界”，经济全球化带来的商业利益则是其“右边界”，那么德国外交政策的调整方向可以从这两个表面相反但内在又高度一致的不同角度去理解了。

站在“右边界”看，德国外交是要最大限度地从追求经济全球化的商业利益出发，去探索欧洲一体化的框架可被“放弃”的最大程度；而站在“左边界”看，德国则是以维护欧盟团结和推动欧洲一体化的名义，探寻于多大程度上“牺牲”在全球市场的经济利益。

2009年爆发的欧债危机深刻地改变了欧盟内部的力量平衡，德国在欧盟内部和全球舞台的地位也迅速提升，德国外交政策的天平也随之需要重新校正，在经济全球化与欧洲一体化这两股力量之间进行“再平衡”。但这一次，均衡点明显地移向“左边界”，德国外交加速“欧盟化”。

在英国脱欧、法国实力下降的背景下，德国再也不可能像之前那样，让英、法为欧盟的整体利益“冲锋在前”，自己则躲在背后“搭便车”，避免因与其他国家“正面交锋”而让自身经济利益受损。在“欧盟本身的存在都备受质疑”的严峻形势下，德国必须为欧盟“挺身而出”。

回到本文开头的问题，为什么特朗普总是“敲打”德国？因为特朗普明白，只有震慑住德国，才能降服欧洲。这算是德国要当欧洲“大哥”必须付出的代价吧！

（本文发表于2018年7月16日）

分手的艺术

2002年的夏天，刚刚28岁，资历和年龄都还没“老”到要做“导师”的陈奕迅推出粤语新曲《明年今日》，一时横扫香港乐坛，获奖无数；时隔一年，这首歌重新填词后的普通话版本发行，名字叫《十年》。由此，在内地本来籍籍无名的陈奕迅彻底火了。他在采访中说，原来去演出基本上没人认出来，之后出去会有人老远指着他喊，哎，你不是那个十年吗？签个名吧！这两首歌的歌词都出自林夕之手，主题也一样——关于分手。但就传唱度而言，《十年》显然比《明年今日》更为成功。为什么呢？一个重要的原因在于，前者歌词所体现的“分手艺术”要比后者更胜一筹。同样讲“分手”，《明年今日》里说的是“明年今日，未见你一年，谁舍得改变，离开你六十年，但愿能认得出你的子女，临别亦听得到你讲再见”。这里表达的心绪显然是惴惴不安的“无法分手”，仍然幻想着哪怕需要六十年之久的邂逅；而《十年》里则是“十年之后，我们是朋友，还可以问候，只是那种温柔，再也找不到拥抱的理由”。在这里，不需要六十年的等待，不需要认出对方的子女，只需要挥手寒暄，说声好久不见。能够做到“找不到拥抱的理由”，不再把安全感系在对方身上，这是“分手艺术”的真谛，也是评判“真分手”与“假分手”的黄金标准。

“分手的艺术”在国际政治中也同样适用，对于分析一国外交政策中所暗含的“亲疏远近”的潜在取向非常有价值。比如当下国际社会最为焦虑的问题之一就是：特朗普是否会与WTO（世界贸易组织）说“再见”？如何评估美国与WTO“分手”的可能性？虽然特朗普澄清美国不会退出WTO，但美国实质上削弱WTO的做法，加重了各国对特朗普退出WTO的疑虑。

在分析“特朗普是否会与WTO说再见？”这一问题之前，需要先回顾一下历史上美国是如何退出国际体系的，找出其中暗藏的“分手艺术”，对于理解今天美国的贸易政策会大有裨益。在经历了“一战”后世界秩序的动荡不安和“二战”中规模空前的人类相互厮杀之后，西方世界在战后国际货币与金融体系的安排上达成了共识——货币的稳定对和平至关重要。在此共识下重建的战后国际货币新秩序，也被称为“布雷顿森林体系”，核心安排是各国货币与美元固定，接受美元的主导地位，而美国则承诺其他国家可以随时用自己在国际贸易中赚到的美元向美国以35：1的固定比率兑换黄金。

从20世纪50年代中后期开始，美国的国际收支状况开始恶化，到了1960年7月底，外国央行和私人部门持有的的短期美元债务以及外国债权人持有美国政府债券总额达到189.46亿美元，超过同期美国186.85亿美元的黄金储备总额，这引起了市场对美国能否坚持35美元兑换1盎司黄金这一比价的怀疑。美元资产开始遭到抛售，更多的国家要求将自己持有的美元储备兑换为黄金。1960年10月20日伦敦市场上每盎司黄金的价格上涨到40美元，远高于美国官方规定的每盎司黄金35美元的比价，其他欧洲国家金融市场上的黄金价格也都出现了上涨的趋势。这导致世界范围内出现大规模抢购黄金抛售美元的风潮，引发了战后第一次美元危机。

在1965年2月4日的新闻发布会上，戴高乐猛烈地抨击了美元所享有的“嚣张特权”(exorbitant privilege)，表示布雷顿森林体系已经被滥用而且变得危险，这个以美元为中心的体系可以使美国不受限制地对外负债，让美国获得征用他国的经济和输出自己的军事力量的便利。戴高乐说，将美元作为国际经济的基础这是不可接受的，因为它不具备任何实际价值，而黄金具有价值不会改变的特质，他号召欧共体成员响应法国重返金本位的倡议。这次新闻发布会成为法国在国际货币体系改革问题上的政策转折点，戴高乐政府开始采取更具对抗性的激进手段，通过动摇布雷顿森林体系的基础来逼迫美国让步，要求美国提高黄金与美元之间的比价，或者重返金本位。美国当然不能同意法国提高金价或者重返金本位的要求，因为这不止涉及经济问题，如果金价上涨，那么真正受益的是两个黄金生产国——南非和苏联，还有就是已经拥有大量黄金储备的法国，而法国正在货币问题上向美国发起挑战。

于是从1965年初开始，法国大规模地将自己的美元储备兑换为黄金，法国的外汇储备从1964年底的28.4亿美元下降到1966年的11.2亿美元，而同期的黄金储备从10.65亿盎司上升到14.96亿盎司。法国希望借由自己的兑换行动带动更多国家的参与，进而形成对美国强大的压力。根据美国中央情报局的报告，法国不仅自己向美国兑换黄金，而且将相关的金融信息透露给新闻界，同时还鼓励包括社会主义国家在内的其他国家将持有的美元储备兑换成黄金。阿尔及利亚在法国的劝说下从美国购买了1.5亿美元的黄金，西班牙为了获取法国在其加入欧共体问题上的支持，也加大了向美国兑换黄金的力度，这引发了市场上抛售美元抢购黄金的投机风潮，第二次美元危机爆发。

到了1971年，美国的黄金储备下降到110亿美元，而美国政府的短期负债已经达到250亿，这意味着外国政府和中央银行所持有的美元中只有44%得到了黄金保证，因此美元信用迅速下降，第三次美元危机爆发，国际金融市场又一次出现了抛售美元资产抢购黄金的浪潮。在此情形下，尼克松总统于1971年8月15日单方面宣布关门“黄金窗口”，终止以美元兑换黄金的义务，举世震惊于美国要与布雷顿森林体系说“分手”，这一事件也被称为“尼克松冲击”。作为亲历者，后来担任美联储主席的保罗·沃尔克当时还是财政部的副部长，他坦承，当时他认为停止黄金兑换这一国际义务是不可想象的，因为这会被看作是耻辱——美国被外国人搞垮了，美国人珍视的美元正在被抛弃。当时美国的欧洲盟友们也大多和沃尔克持同样的观点，认为尼克松政府不会置国际义务于不顾，退出布雷顿森立体系。但实际上，尼克松并不这样认为，周而复始的美元危机让他感到，再也找不到“拥抱”布雷顿森林体系的理由，因为它已经成为束缚美国货币政策的“黄金镣铐”，美国坚决不能再把安全感置于这个对自身产生“伤害”的体系中。“分手”的时候到了。

昔日还会重来吗？未必。但是回顾布雷顿森林体系崩溃的历史，我们可以看到，美国是一个深谙“分手艺术”的国家，面临感情纠结的选择，它吟唱的一定不会是《明年今日》中的“即使你不爱，亦不需要分开”，而是《十年》中的“才明白我的眼泪，不是为你而流”。特朗普形容在WTO体制下的美国成为每个人都在（利用不公平交易手段）抢劫的“小猪储蓄罐”，那他会退出WTO吗？去听一听陈奕迅吧！

（本文发表于2018年8月5日）

货币的轮回

IMF（国际货币基金组织）出版的最新一期《金融与发展》杂志，主题是“货币的演变”，即探讨数字化技术的发展是否会重新定义货币。加密数字资产（比如比特币）的兴起充当支付手段和记账单位，是否会减少甚至取代对央行法定货币的需求，进而创造出一个没有央行货币的世界？这些都是很有“挑衅性”的问题。政府会失去货币发行权？这不是开玩笑吗？如果答案是肯定的，那就意味着未来各国政府的货币发行与管理职能，会逐渐弱化甚至最终消失，私人发行的货币会大行其道。真会这样吗？拉长历史的镜头再来看，会发现这并非天方夜谭，货币的这种演变在历史上不是没有先例。

货币是人类最伟大的发明之一，它让更大规模和范围、跨越时空的交换成为可能。因为货币，人们可以卸掉沉重的行囊，轻松自在地仗“钱”走天涯。早期的货币往往是具有内在价值的实物，比如贝壳、烟草、粮食等，再后来是金银等贵金属，这些被称为商品货币；最后才是今天普遍使用的——本身没有内在价值，但以国家信用为支撑的——纸币，也被称为信用货币或者法币。相比货币的历史，政府发行货币的历史要短得多。

比如，当今最为强势的美元，也不是一开始就有的。当1620年第一批欧洲殖民者抵达今天美国的马萨诸塞州普利茅斯镇并定居下来时，他们碰到的一个首要问题是：大家互通有无、彼此交换物品时选择何种货币？由于这批移民并非富人，没有从欧洲大陆的母国带来大量可供流通的货币，于是实物货币就成了一个现实的选择。之后，许多州政府允许居民用玉米或者烟草来缴税，并且规定这些实物货币不仅可以用于公共支付，也可以用于私人交换。当时马萨诸塞州规定玉米为法定货币，康涅狄格州为小麦，弗吉尼亚州为烟草。

商品货币在最本质的意义上属于私人货币，因为理论上每个拥有这种充当货币的商品的个人，都是货币的发行者，而国家并不能凭空去创造，只能以税收的方式获取货币作为财政收入。

货币的基本演变趋势是从商品货币向信用货币发展，但也出现过从信用货币退回商品货币的情形。

中国是历史上最早使用纸币的国家，1023年北宋政府在成都成立“交子务”，1024年正式发行纸币“交子”。当时的交子深受欢迎，许多从事跨区和跨国贸易的四川茶叶商人都愿意使用，这让四川的交子往往以高于名义价值的价格进行交易，也就是出现了“溢价”，交子的信用可见一斑。

但是面对财政危机，北宋、南宋以及后来的金、元、明等王朝政府都未能抵挡住过度发行纸币的诱惑，导致货币贬值、通货膨胀。在美洲白银通过东西方贸易大量流入中国的背景下，民间自发用银，弃用明政府发行的纸币——大明宝钞，到15世纪30年代，明政府被迫承认白银的货币地位。

但彼时的白银并非是铸币，而是凭自身的重量和成色等自然属性来确定价值，国家并不能掌控货币发行权，白银实质上是一种商品货币，或者说是私人货币。中国历史上的这次货币制度转型，就是从信用货币转向商品货币，是一种“货币的非国家化”。

发生在明朝的这次市场与政府之间的“货币角力”，最终是市场胜出，私人货币取代了国家货币。但有学者形容这场“胜利”是“惨胜”，因为代价沉重。“白银镣铐”锁住了政府的手脚，使得政府无法有效调节经济，这让近代中国在遭遇西方列强之时，吃尽了金融苦头。

区块链技术的发展，使得数字加密资产的发行游离于政府货币当局之外，但本质上它是一种私人商品，就像明朝的白银货币。如果从历史的角度看，当前数字加密资产的兴起，并且出现了充当支付手段的趋势，可能预示着新一轮货币制度的演变趋势——从信用货币走回商品货币。

正因为此，IMF货币与资本市场部副主任何东在这一期的《金融与发展》杂志上撰文写道，我们可能兜了一大圈，又回到了文艺复兴时期！在20世纪，货币主要以信用关系为基础，央行货币或基础货币代表的是央行和民众之间的信用关系（就现金而言），以及中央银行和商业银行之间的信用关系（就储备金而言）。商业银行货币（活期存款）代表的是银行和客户之间的信用关系。而加密数字资产没有基于任何信用关系，也不是任何实体的负债，其本质上更像是商品货币。

为什么历史上会反复出现这种“货币的轮回”？原因就在于货币本质中的经济逻辑与政治逻辑之间永无休止的撕扯与纠缠。对于货币的本质，主流经济学认为货币是交易的“润滑剂”，它让人类摆脱了以货易货这种原始贸易方式给社会经济发展所带来的束缚，使得各种价值可以更为自由地在不同空间和时间进行交换。这让更大规模和范围的劳动分工成为可能，进而生产效率得到提高，市场的规模也随之扩大，而这又进一步刺激了分工朝更为专业化的方向发展。如此循环往复，越来越多的社会财富源源不断地被创造出来。货币价值是稳定的，货币交易是自由的，货币所体现的是一种不同商品持有人之间公平交换的关系，这就是所谓的货币的经济逻辑。

可是当我们把观察货币的视角从商品交易者之间转移到货币的发行者与持有者之间时会发现，在现代社会的纸币本位下，货币体现的实际上是一种债权关系，每一张钞票都是货币发行者对持有者的负债（更通俗地说就是发行者向持有者开具的欠条）。当货币从发行者手中转移到持有者手中时，意味着货币发行者从持有者那里“借到”了一定量的商品和劳务等实际资源的使用权，并承诺持有者可以用这些货币来清偿与发行者之间的债务（缴税），或者将来某一天重新从发行者那里拿回这些实际资源。

但是这种债权关系的双方实际是处于一种相互不平等的位置上，货币的发行者——政府掌握着国家机器，并且垄断货币发行权，而每一个持有者只能被动地使用货币，货币发行者的这种优势地位使其可以非常容易地“赖帐”（以通货膨胀的方式降低货币的实际购买力），而且由于相互交易的需要，大量的货币实际上在持有者之间循环往复地流动，充当交易的媒介，而永远不会再回流至发行者，向发行者索取货币背后所代表的实际资源。所以发行者可以放心大胆地使用那些“借来”的商品和劳务，而不用考虑“归还”的问题。因此，货币的背后是权力的“强取豪夺”，这是货币所隐藏的政治逻辑。

在凯恩斯1919年的著作《和平的经济后果》中，有一句被广泛引用的名言：“颠覆现存社会基础最精妙、最可靠的办法，莫过于摧毁它的货币。这一过程调动了经济规律中所有具备破坏性的隐藏力量，并且以一种百万人之中也难有一人能识别出的方式进行。”也就是说货币是一种潜在的政治力量，一种权力，并且蕴藏的破坏性极大。货币内在的政治力量与经济力量之间的此消彼长推动着货币的轮回。

（本文发表于2018年9月5日）

升级WTO，欧盟能成“最大赢家”？

近日，欧盟委员会发布了关于改革世界贸易组织（WTO）的建议文件。欧盟在该文件中认为，基于规则的多边贸易体系面临自建立以来最为深刻的危机，历史上第一次，WTO在设定国际贸易规则与框架、提供多边争端解决机制方面的基本宗旨，同时受到威胁。

在欧盟看来，当前的贸易环境回到了规则在有利于自身时才遵守、以实力替代规则作为贸易关系基础的状态，这相当于国际经济治理倒退了20年。

对于导致WTO深陷困境的原因，欧盟的看法是，自1995年以来，世界已经变化，而WTO却没有。

欧盟经济已经深度融入全球价值链，成员国的进出口均依赖可预测的和以规则为基础的国际贸易制度，所以，欧盟把当前WTO边缘化的危机看作是影响欧盟政治稳定和经济可持续增长的重大风险。正是在这一大背景下，欧盟认为迫切需要实现WTO的现代化。也就是说，要与时俱进地“升级”WTO。

欧盟的改革方案主要集中在三个方面：一是更新国际贸易规则；二是加强WTO的监督作用；三是完善争端解决机制，打破当前机制事实上趋于瘫痪的僵局。欧盟方案最重要的看点是要求增加新规则，主要是针对所谓的“扭曲市场”行为的，其中，产业补贴、国有企业和市场准入是最为核心的三个焦点议题。

另外，值得注意的是，欧盟认为当前WTO规则中对发达国家和发展中国家的区分已经不合时宜，因为这一区分没能准确地反映一些发展中国家经济快速增长的现实。发展中国家成员中包含了当今重要的贸易大国，这些贸易大国的经济发展与其他发展中国家存在巨大差异，其发展水平甚至超过了WTO所认定的发达国家。这就造成发展中国家在WTO内享有的待遇缺乏差异化，而这一直是WTO内部矛盾和谈判进展缓慢的一个主要原因。

欧盟此次发布的WTO改革方案，实际上并非仅仅代表欧洲一方的看法，在某种程度上也代表了美国和日本在相关问题上的立场。之所以这么说，是因为自2017年12月以来，美、日、欧三方已经举行了四次贸易部长级会谈，发布了四次三方联合声明，最近一次是2018年9月25日在纽约进行的三方会谈。欧盟方案的基本精神和主要内容与之前四次的三方联合声明大致是相同的。

贸易议题实际上是欧洲人的传统优势，欧洲一体化程度最高，同时开发最早的领域就是贸易。相比美国，作为全球最大的发达国家贸易集团，欧盟更加依赖以WTO为核心的全球多边贸易体系，避免美国退出WTO、维护WTO的完整性，是欧盟的利益之所在。

目前来看，欧洲人似乎达到了这一目的。通过与美国的协商，美国同意与欧盟一起改革WTO，欧美也就“零关税”谈判达成了共识，避免出现新的关税壁垒。同时，欧盟也在争取包括中国在内的重要贸易伙伴来支持对WTO的改革。这样看来，最后欧盟成为全球贸易体制变革的“最大赢家”也未可知。

（本文发表于2018年9月28日）

被遗忘的货币

提起德国，人们首先想到的一定是汽车、足球和啤酒，已经上了年纪的80后们，脑海里或许还会闪现出茜茜公主童话般的曼妙身影。很少有人会提起德国曾经的货币——马克，虽然它在20世纪直到欧元诞生的1999年，一直都是美元之外的全球第二大储备货币。货币史中跌宕起伏的精彩故事也大多与马克无关，而是围绕美元、英镑甚至是日元来展开的。德国政府的公开文件中没有“马克国际化战略”的相关表述，德国官方也从来没有公开表示过要积极推动“马克国际化”，德国央行更是公开反对“马克国际化”。相比美元、英镑和日元，学术文献中关于“马克国际化”的研究更是少得可怜，仿佛这是一个并不存在的议题。在国际货币体系的演变史中，德国马克成为一种“被遗忘的货币”。

回到70年前，1948年6月20日，《发行法》和《货币法》在美、英、法三国占领下的西部德国生效，规定从1948年6月21日起德国马克（Deutsche Mark，或简称为D-Mark）正式开始流通，取代原先西占区的各类货币，成为唯一有效的法定货币。诞生于“二战”废墟之上的德国马克在起步之初运气并不算好，在1950年就遭遇了国际收支危机，成为当时西欧国家货币中最弱的一个，丝毫看不出有任何成为强势货币的影子。但是在1958年实现自由兑换之后，仅仅过了15年，德国马克就超过英镑，在1973年成为世界第二大储备货币。

但此时马克在可统计到的各国官方储备中的所占份额并不大，还不到2%，总金额接近30亿马克，过了15年之后，在1984年马克的份额就上升到了约12%左右，总金额达到1180亿马克。其实，从20世纪60年代中后期开始，国外私人部门对德国马克的需求就逐年增加，到1994年末，仅银行体系之外的德国马克现钞就有30%—40%是在德国本土之外的其他国家流通的，同期美元现钞的这一比例是45%—50%，日元大概在25%左右,其他OECD国家货币不超过10%—15%。此外，在一些其他衡量货币国际化程度的指标中，例如以德国马克计价的国际资产和国际贸易额在世界总量中的比重，以及在全球对外直接投资和外汇市场交易中所占的份额等，德国马克都表现出色，牢牢地占据了世界第二大储备货币的地位。

在货币国际化的问题上，战后的联邦德国和日本非常具有可比性。首先，两个国家的历史境遇相同，都是“二战”的战败国，并且几乎同时在战争的废墟上实现了经济复兴。其次，两个国家的经济规模和发展模式类似。战后日本和德国分别崛起成为世界第二和第三大经济体，并且都是对外贸易大国，出口对本国经济增长的贡献很大。再次，两个国家在战后加入西方阵营，具有相似的政治制度和意识形态，在国际政治格局中的地位较为相近。最后，两国在战后都认同和加入了美元主导下的国际货币体系，也就是布雷顿森林体系，在国际金融货币的宏观层面面临着相同的约束条件。所以，两国货币国际化进程的初始条件可以基本认为是相同的。

如果以在全球官方外汇储备中所占份额这一最能体现一国货币国际化程度的指标来衡量，那么马克和日元国际化的境遇有着天壤之别。马克的比重是稳步上升的，直至欧元诞生之前所占份额可达13%—14%；

日元的占比则是一路下滑，从1991年高峰时期的8.5%下降到如今的不到5%，日元的国际化实际是失败的。为什么马克与日元国际化的成果差别如此之大？德国马克成功的秘诀在哪里？

真正支撑起马克国际地位的，不是在世界上享有盛誉的德国央行，而是德国的工业竞争力。美国发达的金融市场对美元国际货币的地位提供了强有力的支撑，全球各国的公共部门和私人部门对美国金融产品的巨大需求是美元保持其国际地位的微观基层。与美国不同，在德国马克崛起之时，德国国内还没有形成一个发达的、有足够深度和广度的金融市场，支撑马克国家地位的是德国极具竞争力、完整的现代工业体系。

在20世纪80—90年代全球主要工业国中，德国出口产品的80%左右都是用本币德国马克计价的，这一比例是除了美国之外最高的，“德国制造”为全球私人部门和公共机构对德国马克的巨大需求奠定了坚实的基础。1955年德国的汽车制造、机械制造、电子以及化工行业的出口占德国出口总额的1/2，而北美的相应数值仅为1/3，其他欧洲大陆核心国家为1/4，日本为1/6。从1955年到1973年，德国国内生产值增长的1/4以上由这四大行业贡献。英国的出口产品结构起初与德国别无二致，但是到了1971年，德国各类产品的市场占有率都纷纷扩大，而英国的市场占有率却在缩小，尤其在汽车与机械制造领域。

并非巧合，当英国的工业制造业逐渐被德国全面赶超时，英镑的国际地位变得岌岌可危，其世界第二大储备货币的地位也逐渐被德国马克所取代。国际货币基金组织在其1972年的年度报告中第一次提到了德国马克作为国际储备货币的地位和作用。1973年德国马克超过英镑，成为世界第二大储备货币。德国向世界输出货币的路径与渠道不是依赖于金融业，而是借助其工业制造业在国际分工和全球产业链中的优势地位，通过庞大的以“德国制造”为核心的国际生产要素交易网络来完成的。

这可以称为“工业型”货币国际化路径。

不像德国在马克国际化进程中的低调甚至是沉默，日本丝毫不掩饰自己将日元打造成仅次于美元的第二大“国际货币”这一雄心壮志，并且高调地推动日元国际化。在1984年的一份报告中，日本财政部说道：“海外对日元持续国际化的兴趣在不断加强，这反映了我们的经济在世界上的重要地位……日元承担国际货币的角色不仅是重要的，也是必然的。”日本官方的信心十足，日本的学术界也是如此。1987年，东京大学贝冢启明教授在主持的报告中说道：“一些经济学家预测，日元最终将取代美元成为关键货币，就如当年美元取代英镑一样。”即使到了1988年，当日本人已经意识到他们落后的金融市场、较小的经济规模使得日元不太可能挑战美元地位的时候，日本财政部还是认为，尽管美元的主导地位不可能被削弱，但是，日元可以成为仅次于美元的第二大国际货币。

在路径选择上，与马克“工业型”国际化路径不同，日元走上了一条“金融型”国际化路径。通过放开资本管制，日本政府积极鼓励本国和海外金融机构参与和日元相关的金融资产交易，以金融渠道对外输出日元。因国内金融业繁荣所造成的日元国际化程度在20世纪80年代末90年代初的“虚高”并未持续太久，随着金融泡沫的破裂，日元再也没有机会与美元一决高下了。

欧元的诞生表面上宣告德国马克退出了历史舞台，成了一种“被遗忘”的货币，但实际上德国马克从未消失，欧元在本质上是马克存在的另一种形式，德国人早已将欧元“马克化”了。当然，这是另外一个故事了。

（本文发表于2018年10月5日）

越南向欧盟“靠拢”？

近日，欧盟委员会批准了欧盟与越南的自由贸易协定（简称自贸协定），虽然按照程序，该协定还需要欧盟成员国和欧洲议会通过，但目前来看，2019年“欧盟-越南自贸协定”有望生效。

国际舆论对该协定的关注点主要集中在三个方面：第一，双方将消除货物贸易99%以上的关税。鉴于越南是一个发展中国家，越南将获得一个缓冲期，协定生效后先取消对欧盟65%的进口关税，其余关税将在10年内逐步取消。第二，该协定还包含解决汽车行业非关税壁垒的具体规定，这显然有利于欧洲的汽车产业。第三，通过该协定，欧盟公司将享有与越南公司平等的地位，参与越南政府和国有企业的采购招标。

欧盟和越南这一“零关税”协定无疑很具有冲击力。但实际上，这份自贸协定真正应该引起关注的，是其内容中所设定的新取向——基于价值观。正如欧盟委员会主席容克所说的：“与越南的贸易和投资协定是欧洲贸易政策的典范，它推动了基于规则和价值观的贸易政策，对可持续发展和人权作出强有力的明确承诺。”

“基于价值观”的新取向在“欧盟-越南自贸协定”中得到了充分体现。按照欧盟委员会的说法，贸易协定通过制定最高标准的劳工、安全、环境和消费者保护条款，确保贸易、投资与可持续发展齐头并进，避免以“逐底竞争”或者“比烂”（race to the bottom）的方式来吸引贸易和投资。

具体而言，该协定要求双方尊重并有效执行国际劳工组织关于员工在工作中享有的基本权利的原则；执行“巴黎协定”等国际环境协定所制定的环保标准；采取行动支持野生生物多样性，确保林业和渔业的可持续管理；并让民间组织参与监督双方履行这些承诺的情况。

这在很大程度上相当于越南几乎全盘接受了欧洲关于经济社会发展的价值理念和基本原则。所以，欧盟贸易委员马姆斯特罗姆才不遗余力地呼吁要快速批准这一贸易协定，因为它有助于“传播欧洲的高标准”。

欧盟向来以全球多边贸易体系的坚定维护者自居，并以此来占据道德制高点，高调批评特朗普政府以双边贸易协定取代以WTO为核心的全球多边贸易体系的“卑劣行径”。

但纵观欧盟近年来贸易政策的实践，欧盟实际上比特朗普更早地“特朗普”，娴熟地加快推进双边自贸战略。

在过去两年里，欧盟与加拿大、日本达成了自贸协定，升级了与墨西哥的贸易协定，并开始与澳大利亚和新西兰进行贸易谈判，与南美国家贸易集团——南方共同市场的贸易谈判也在加速中。

在亚洲，与东盟签署贸易协定更是欧盟由来已久的目标，最近与新加坡、越南签署的自贸协定就是这一远景的前奏。

此次与越南达成的贸易与投资协定，更加显示出欧盟只是一个三心二意的多边贸易主义者，欧盟对全球多边贸易体系是否还能继续维系，内心并不那么确定，对多边贸易的信仰和维护更是远远没有它声称的那么坚定。

欧盟真正热衷的，是打造一个符合欧洲价值观和欧洲标准的贸易伙伴网络，这一贸易网络以西方发达国家为核心，延伸扩展至愿意接受其价值观的发展中国家，也就是欧盟所谓的“志同道合”的伙伴国（like-minded partners）。“基于价值观”，这将是欧盟自贸战略的核心元件。

（本文发表于2018年11月1日）

北约70年：欧美“争吵”并不意味着“分裂”

本月4日，北约（北大西洋公约组织）将迎来成立70周年纪念日。3日至4日，北约成员国外长齐聚华盛顿，庆祝这一纪念性的时刻。

美国总统特朗普在总统竞选期间曾表示“北约已经过时了”，并且在上台后的历次北约峰会中，都对其欧洲盟友持批评态度，跨大西洋同盟关系因此变得紧张，“欧美分裂”之说也甚为流行。所以，国际舆论普遍关注的是，此次北约70周年纪念活动能否向外界展示欧美的团结。

特朗普带给欧美关系的最大冲击莫过于其安全防务政策，他公开威胁欧洲国家，若不增加军费开支，美国将放弃对欧洲的安全承诺。这一咄咄逼人的表态，确实挑战了欧美关系的底线。

特朗普的真实目的，是逼迫欧洲在世界安全事务中承担更多责任，增加军费和各种资源的投入，加速在北约框架内实现美欧力量的“再平衡”，减轻美国的责任和负担，而非弱化，甚至放弃欧美军事同盟。

这与奥巴马政府的北约政策在本质上是一致的，只不过，特朗普不像奥巴马那么“温文尔雅”，而是用更加“蛮横”的威胁性语言和“步步紧逼”的高压态势来敦促欧洲履行防务义务。

欧洲对于美国要求的防务“再平衡”，也是认同的。因为欧洲人很清楚，美国对北约防务开支的贡献比例长期维持在70%左右的水平，这是不可持续的，特别是乌克兰危机让欧洲人切实感到了地缘政治风险的存在，意识到了加强美欧军事同盟的必要性和紧迫性。

在2014年举行的威尔士北约峰会上，欧洲国家第一次承诺将遵守军费开支不低于国内生产总值的2%，保证军费中装备和研发开支不低于20%的义务。威尔士峰会标志着欧洲国家开始改变长期以来在安全领域“搭便车”的策略，形成了重整军备的战略共识。

对于跨大西洋同盟关系，德国前外长加布里尔的分析非常能够代表欧洲人的心声。他曾被问道，特朗普威胁德国，又把北约置于分裂的风险中，是否需要一个新方式来应对这位美国总统？加布里尔平静地回答：“事实是，我们可以没有特朗普，但不能没有美国。”

加布里尔可谓点到了当前欧洲人的痛处和困境：对特朗普无比地不满，但对美国又无比地依赖。所以，欧洲人的立场是：将特朗普和美国分开对待，可以反对特朗普的某些做法，但不反对美国。

因此，当特朗普将欧盟形容为“敌人”时，欧盟领导人想的不是如何回击特朗普的出言不逊，而是纷纷强调欧美关系的牢固，把特朗普和美国“区分开”。欧洲理事会主席图斯克就说，美国和欧盟是最好的朋友，“谁说我们是敌人就是散布假新闻”。欧盟外交政策与安全事务高级代表莫盖里尼也表示，在欧洲人看来，美国肯定是一位亲密朋友和伙伴，他还强调“政府换届不能改变国家与民族之间的友谊”。

分析北约框架下欧美同盟稳固与否，不能仅从“挑衅性”的言辞出发，更要看“争吵”是否动摇了双方的战略共识和合作机制。特朗普在言辞上对北约的“敲打”，实际上是欧美在防务领域重新调整相互间的权利、责任和利益，而非“分裂”。

70岁的北约，仍是欧美同盟牢固的基石。

（本文发表于2019年4月4日）

布雷顿森林体系75周年，该纪念什么？

今年是布雷顿森林会议75周年。75年前，包括中国在内的44个国家代表齐聚美国新罕布什尔州的布雷顿森林小镇，在当地的华盛顿山酒店召开会议，确立了战后国际经济金融新秩序，这被称为“布雷顿森林体系”。今天被世人所熟知的世界银行和国际货币基金组织（IMF），都是这一体系的产物。

第一次世界大战后，各国为刺激经济而采取的货币竞相贬值政策所造成的投机性资本大规模流动，使得国际金融体系充满动荡，导致了“大萧条”，继而各种极端社会思潮粉墨登场，各国间贸易摩擦不断，政治关系紧张，最终让整个世界滑向了第二次世界大战的深渊。

在经历了第一次世界大战后的动荡不安和第二次世界大战中规模空前的人类相互厮杀之后，西方世界在战后国际货币与金融体系的安排上达成了共识——各国货币的稳定至关重要。而货币的稳定需要“可调整的钉住汇率制度”（实质就是具有一定弹性的固定汇率），需要对资本跨境流动实施必要管制。

布雷顿森林体系正是建立在这一共识之上，其主要安排是美元以35：1的固定价格与黄金挂钩，其他货币与美元挂钩，汇率的变动固定在一个规定的区间内，同时成立IMF来为出现国际收支困难的国家提供短期融资。

受益于稳定汇率所带来的国际贸易的繁荣，战后西方国家普遍经历了经济高速增长的“黄金三十年”。从这个意义上说，布雷顿森林体系是成功的。1971年8月15日，由于难以承受巨大的贸易逆差导致的黄金储备迅速减少，时任美国总统的尼克松突然宣布放弃美元与黄金之间的可兑换性，之后世界逐步从固定汇率进入了浮动汇率的全新时代，布雷顿森林体系名存实亡。虽然IMF还在，世界银行也在，但已是完全不同的世界。

有观点认为布雷顿森林体系其实并未解体，仍然存在。单从美元的国际地位来看，这种说法是有道理的。因为自20世纪70年代以来，美元仍是具有主导地位的国际货币，这一事实并没有发生根本性的变化，许多国家的货币或明或暗，仍是与美元挂钩。虽然经历了1999年欧元的挑战、2008年全球金融危机的冲击，美元仍是最具吸引力的全球货币。这一点从美元纸币的海外流通可见一斑。

根据美联储的数据，在2017年，100美元的现钞流通量有史以来首次超过了使用更为普遍的1美元钞票，自2008年全球金融危机以来，100美元纸币的流通量翻了一番。那么，100美元纸币为什么会如此受欢迎，尤其是在电子交易越来越普及的情况下？答案是对美元巨大的海外需求。

事实上，美国人日常很少用现钞纸币，美国人手头的现金平均只有60美元，绝大部分的100美元现钞都在海外流通。美国所有纸币现钞中有超过60%是在美国以外的地方流通，这其中80%是100美元纸币，这比1980年大幅上升了30%。

如果说布雷顿森林体系还在，那么还有必要进行怀旧式的纪念吗？答案是肯定的。因为在当前保护主义、单边主义甚嚣尘上的国际背景下，75年前，44个国家在创建布雷顿森林体系之时所秉持的“国际合作”和“多边主义”的初心，在当今尤为值得珍视。

（本文发表于2019年7月25日）

后　记

每当我拿到一本新书，最先翻到的不是目录，也不是前言或者正文，反而是后记。阅读经验告诉我，后记才是一本书中最有意思的部分。如果说正文就像是作者在光芒四射的舞台上进行的一场华丽无比的个人演唱会，那么后记则是走出剧场，卸去精致妆容后一个人在空旷的大街上行走时寂寥的背影，所以，对读者而言，寂寥的背影远比舞台上的华丽更显得真实和熟悉。透过虽然模糊的背影，却会更容易感受到舞台上种种或是心酸或是喜悦的心绪和情感，这会是一种独特的体验。所以我每次写后记，往往拖延的时间比正文还长，我会不由地去琢磨，我留下的会是一个怎样的背影。

这本书是我近几年发表在《新京报》《学习时报》以及《中国投资》杂志上专栏和评论文章的合集，非常感谢这些报刊提供给我的平台。特别感谢西苑出版社的社长赵晖女士，没有她的大力支持和促成，就不可能有这本书的出版；感谢编辑汪昊宇老师耐心、细致的工作，为本书增色很多。

这些文章涉及的论题虽然各不相同，但它们都有一条共同的主线——透过欧洲来观察世界。这本书的题目是《如何成为拯救欧洲的英雄》，这也是其中一篇文章的题目。之所以选它作为整本书的题目，是因为本书收录的文章都围绕一个话题：在后危机时代，欧洲人是如何看待他们自身的困境的？欧洲人又是如何去努力解决他们所遇到的种种难题的？欧洲人对他们的未来是如何思考的？

这些其实都是在思考：如何成为拯救欧洲的英雄？这里面既有欧洲人的视角，也有欧洲之外的视角；作为中国的研究者，当然我们还要去思考，不同的“英雄”所采取的“拯救”欧洲的不同方式所带来的对中国的影响，以及对世界的影响。

按照这个逻辑，本书分为“欧洲之于欧洲”“欧洲之于世界”和“欧洲之于中国”三个部分，分别对应三个层面的内容：欧洲人怎么看自己，欧洲对世界意味着什么，以及欧洲的发展对中国又意味着什么。

《如何成为拯救欧洲的英雄》这篇文章的题目受到坎贝尔的代表作《千面英雄》的启发。坎贝尔在书中有一句令人印象特别深刻的话：成为英雄所经历的危险旅程不是为了获得，而是为了重新获得；不是为了发现，而是为了重新发现。英雄历尽艰辛所寻找的“传奇般的力量”一直存在于他的心中。